新 潮 文 庫

シロクマのことだけは考えるな！

―人生が急にオモシロくなる心理術―

植 木 理 恵 著

新 潮 社 版

9226

はじめに

あんなイヤな出来事は、もう忘れてしまおう！

そして新しい自分になって、幸せをつかむのだ！

そうやって気張りすぎるほど、イヤな思い出が、かえって鮮やかによみがえってしまう。もっと自由で気楽でいいはずの人生なのに、モサッとした「しがらみ」が、いつまでたっても心にまとわりついてくる。

多かれ少なかれ、誰にだってあることです。

だって、人間の脳は本当にアマノジャク。覚えたいことはなかなか覚えられない。それなのに、忘れたいことに限っていつまでも忘れられない。

これっていったいなぜなのでしょう？　神様は、どうしてそんなふうに人を創(つく)っちやったんでしょう？

ふと見わたしてみると、「幸せになりたい！」と熱心に努力している人よりも、自分に甘くてイイカゲンな人のほうが、人生をオモシロおかしく謳歌（おうか）していたりする。しかもいつのまにか、本当に大きな幸せをつかんでしまっている。

心理カウンセリングで多くの人と接していて思うのですが、これ…、残念ながら現実です。でもそんな皮肉なこと、ちょっと納得いかないですよね。なんだか不平等な感じ。

幸せを追い求める行為って、実は不幸せのはじまり？　もしかしたら自分って、これまで「頑張り方」を間違えて生きてきたの？…だったらヤだなあ…。

このボヤキに少しでも共感する方、ぜひこの本を、最後まで読んでみてください。

心のモヤモヤに、いちばんてっとり早く結論を与えてくれるもの。自己とどう向き合い、他者とどう交わることが、お互いの幸福感を紡（つむ）ぎ出すのか…、それを最も科学的に、明快に示してくれるもの。

それこそが、「認知心理学」と「記憶心理学」。この2つの学問ではないかと、私は強く信じています。この本は、2種類の心理学の膨大なデータの中から、一日でも迅速に、あなたの人生をもっとオモシロく、豊かにするためにエッセンスをギュギュッと圧縮したものなのです。

まだ日本ではほとんど着目されていませんが、アメリカでは「シロクマ実験」と呼ばれる認知研究・記憶研究が、近年とてもさかんに行われています。シロクマのことを「考えまい」という努力を強いると、かえって「シロクマ」の姿が脳裏にチラつく。つまり、何かをうまくやろうと気張ることで、逆に失敗率のほうが高まってしまう。

こういうアマノジャクな現象のことを、心理学者は「メンタルコントロールの皮肉過程（Ironic processes of mental control）」と呼んでいます。懸命に取り計らうことそのものが、かえって苦悩を深めてしまう。自分に無理を強いるような、ストイックなメンタルトレーニングや自己啓発といった鍛錬は、意外と逆効果。これが常識となりつつあるのです。

それよりもどうやら、心の中に潜む「シロクマ」の存在をしっかり認め、それをうまく飼いならしたりつきあったりすることのほうが、個人の幸福度とは大きく関連しているのです。

この分野の開拓者の一人であり、私の尊敬している心理学者のウェグナー氏は、先日の学会でこんなことをおっしゃっていました。

「人は『考える』ことなしに、『考えまい』とすることはできないからね」

これは、人間の性質をズバッと突いた、至言だと思いました。

「あのことは忘れるぞ」と意識すること。これは同時に、「えっと、『なにを』忘れたいんだっけ？」という無意識の問いかけを、自らに繰り返して行い続けることになります。

私たちは、この記憶メカニズムの「皮肉なカラクリ」に、知らず知らずのうちに振り回されているわけです。そして、いつまでも自分で自分をいじめては、クヨクヨと傷ついているのです。

その悪循環にはまらないためには…、忘れたいことほど、決して忘れようとしてはならない！…なんだか、単なる言葉のパラドックスに聞こえるかもしれませんね。でもこれこそが、まぎれもない心理学的事実といえそうです。

なるほど、そうなのかもね…、などと共感はしていただけたとしても、よく考えると、これはたいへん困った事態ですね。じゃあ、具体的にはどうしたらいいの？　心を解放して楽になりたいとき、いったいどういうふうに考えて、どんな行動をとるのが「正解」なの？

任せてください。

この本では、そういう具体的な「処方箋（しょほうせん）」と「対応策」を、最新の心理学の知見から豊富にご紹介することに、尽力しているつもりです。

私たちって、他人の扱い方はおろか、自分の心の扱い方についても、意外とわかっていないもの。むしろ、心理学的事実とは「正反対の努力」をしてしまっていることが、少なくないのです。

認知心理学・記憶心理学の重要エッセンスをきちんと知ると、そういったムダな誤解は激減します。その結果、不必要なクヨクヨやイライラとは、いつの間にかすっかり別れることができるのです。

ですから、だまされたと思って、この本に書いてあることをお読みになり、どんどん実行してみてください。

すると、①元気な心を取り戻し、②賢い考え方を身につけ、③他者をうまく動かし、④誰をも夢中にさせる…、そういう、「こうなりたかった自分像」に、どんどん近づいていけるはずです。

性格は、必ず自分で変えられます。性格が変われば、人生の持つ「色合い」が変わります。一度しかない大切な人生。それが、あなたの心のありようで、ブラックにもオレンジにもブルーにも、どんどん彩りを変えていけるのです。

あなたの毎日が、もっとオモシロく、爽快で、清々しいものになりますように。そんな私の心からの願いが、この本を通じてあなたに届きますように。

目次

第2章　頭がよくなる心理術　61

第3章　人をコントロールする心理術　103

第4章　人をトリコにする心理術　139

本文図版作成　米倉英弘〔細山田デザイン事務所〕

シロクマのことだけは考えるな！

―人生が急にオモシロくなる心理術―

第1章　元気になる心理術

忘れようと努力するほど鮮明に思い出してしまう
［シロクマ実験とトラウマ克服法］

「人はどうしたらたくさんのことを記憶できるのか？」

を研究しているのが脳科学者だとしたら、反対に、

「人はどうしたらひとつのことを忘れられるのか？」

という研究を積み重ねているのが、私たち心理学者なのかもしれません。

なぜなら、深い心の傷や悲しみにとらわれて、前に進めない人がたくさんいるから。

深い心の傷、トラウマとまではいかなくても、つらい経験や悲しい出来事は、忘れよう、忘れようと懸命に努力してもなぜか忘れられない。誰にでも経験あることですよね。

でも実は、そういう「忘れようとする努力、思い出さないようにする懸命の抑圧」、

これこそが、心理学的にはまったくもって逆効果！　なのです。

「シロクマ実験」に学ぶ、とっておきの忘れ方

１９８７年に、こんな実験が行われています。

集めた人を3グループに分け、何も説明せずに、シロクマの一日を追った50分程度の映像を観せる。ちなみに、なぜシロクマかというと、心理学的にシロクマは何の象徴（シンボル）でもなく、イメージが固定されていない動物だから。

そして観終わった後、研究者は3グループそれぞれに、

「シロクマのことを覚えておけ」

「シロクマのことは考えても考えなくてもお好きなように」

「シロクマのことだけは考えるな」

と、別々のことを告げるのです。

そして、一年後。内容をいちばん克明に覚えていたグループはどれでしょう？　それはなんと、「シロクマのことだけは考えるな」と、禁止されたグループだったのです！

つまり、考えまいとすればするほど考えてしまう、忘れることができないというこ

と。思考を抑制しようとすることが、かえって思考を活性化させてしまう、という現象が明らかになったのです。

忘れようと頑張ること、それが結果的に、脳には覚えておけという伝令になっているなんて、ちょっと衝撃的ですよね。「じゃあ、どうやって忘れたらいいの!?」と、困ってしまったあなた。ではあなたに、とっておきの忘れ方を伝授しましょう。

それはズバリ、脳のメーターが振り切れるまで考えることです！ 忘れようとしないことです！ 考えて、考えて、思う存分考えまくってください。

失恋したのなら、泣きたいだけ泣き続けるほうがいいんです。なんだったら暴れるくらいのほうがいい。まあ半日も騒ぎ続けるなんて、そうそうできませんけどね。

大丈夫、いくら悲しくてもつらくても、人は半年たつと、その対象への興味が薄れていく、という、非常に都合のいい機能を持っています。それを表したグラフを**忘却曲線**と呼びますが（図1）、確かに、人は半年を境に対象への興味をみるみる失っていくということが、このグラフからもわかります。

それは「飽きた」という、ごく自然な現象。心が満足した、ということです。カタルシス（自浄作用）と言ってもいいかもしれませんね。とにかく、自分の傷口をしっかりと見つめることによって、初めてその機能が健全に働くというわけです。

［図１］ネガティブな出来事の「忘却曲線」

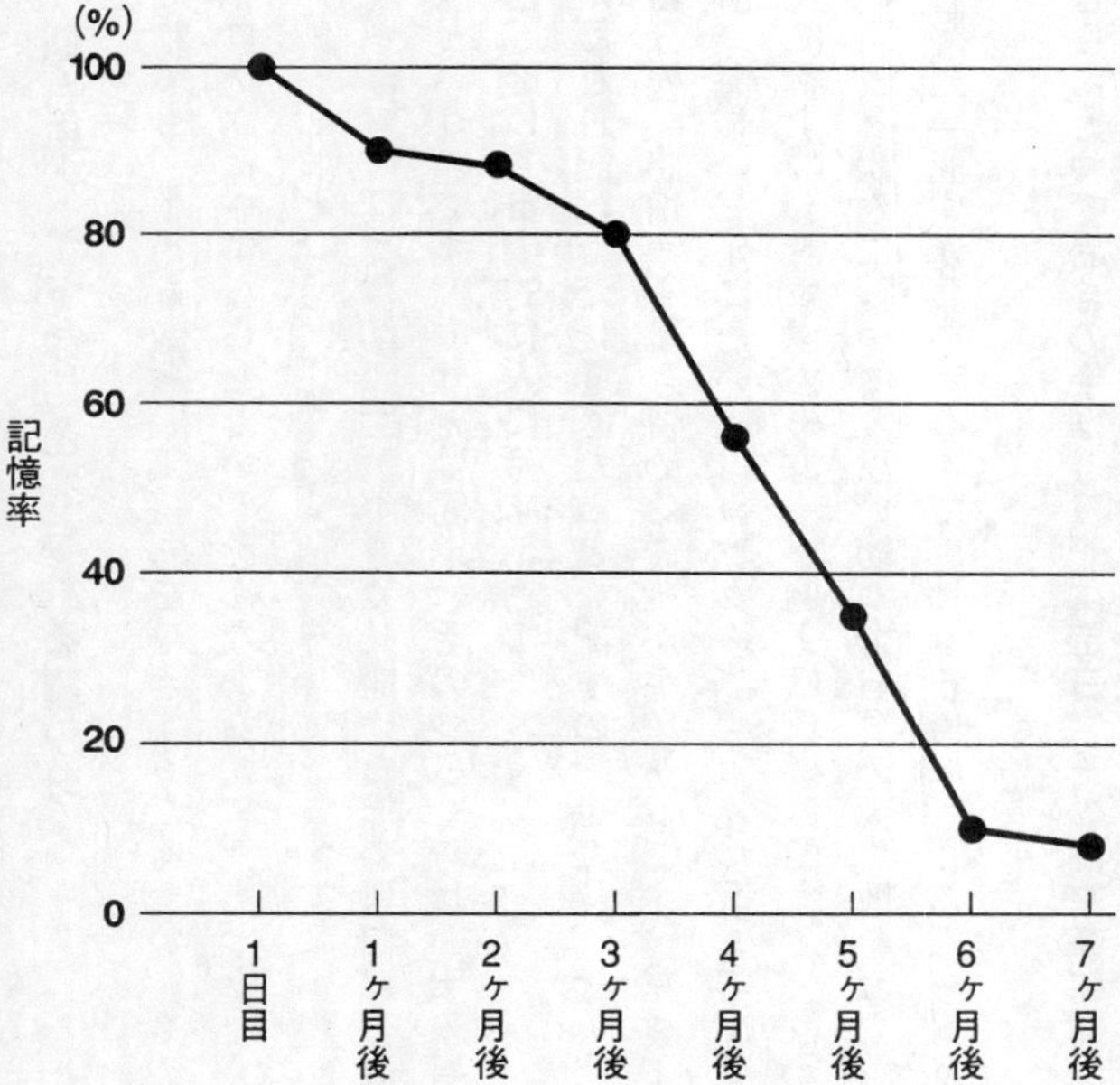

このグラフからわかるように、悲しい事やつらい事は３ヶ月まではなかなか忘れられませんが、３ヶ月を越えると急速に記憶率が下がりはじめ、６ヶ月たつとほとんど忘れることができます。

一刻も早くイヤなことを忘れる裏ワザ

それでも、半年もつらい気持ちをひきずりたくない。もっと早く、頭にこびりついたシロクマとさよならしたい。そんなあなたに、もっと早く忘れるための「裏ワザ」もお教えしましょう。

名づけて、「塩ぬり療法」。ポッカリ開いたその傷口に、思い切って自ら塩をぬり込もうというのです。やり方は簡単。**そのつらく悲しい出来事を、詳細に日記につけること、そして自虐的に人に話すこと！**

ただし日記は、ただ起きたことを記すのではなく、その出来事とともにそれに対する自分の「感情」を書き留めることがポイントです。左ページに出来事、右ページに感情（悔しい、死にたい、ムカツク…）、と対比させると書きやすいはず。

人に話すのもおすすめの方法。例えば仕事に関する失敗が傷になっているなら、親しい同僚と飲みに行って、思い切って自分の大失敗をカミングアウトするのも手です。「悔しい」「恥ずかしい」なんて感情も正直に。やるなら徹底的に、どこまでも自虐的に！

さらにとっておきの手は、日記に毎日、その出来事に対する感情をパーセンテージ

［図2］感情の点数化日記

日付	起きた事	心を支配する決めつけ(%)	決めつけへの反論(%)	記録後の気持ち
○月×日	昨夜、恋人に何度電話しても出てくれなかった	浮気しているかも 不安(60%) 悲しい(25%) ムカつく(10%) ⋮	もう寝ていたかも(25%) サークルの飲み会かも(20%) バイトが忙しかったかも(5%) その他…	まあ、今日はいいか
○月△日	明日、先輩に呼び出されている	叱られるかも 怖い(50%) 不安(20%) 緊張する(15%) ⋮	ただの食事会かも(25%) なにか頼み事なのかも(20%) たいした用はないかも(10%) その他…	まあ、明日になって考えよう

起きた事に対して抱いた「決めつけ的」な感情をパーセンテージで記入します。その右横の欄には決めつけへの反論をやはりパーセンテージで記します。数字化することにより言葉以上に客観的・具体的に自分の感情を表現できるのです。

で記しておくこと（図2）。

「本日はイライラ75％、悲しい15％、寂しい7％…」

なんて具合に、合計して100％になるように。数字化することによって、言葉より精緻（せいち）に自分の感情を表現できるわけです。

それを、今日も明日もあさっても、続けてください。

そうこうしているうちにどうでもよくなってきて、「ああ、もうこういうこと考えるの面倒だ！」とバカバカしくなる瞬間が、ある日必ずやって来ます。

そしてその瞬間こそが、あなたが心に住むシロクマを完全退治できたときなのです。

一般的に、失恋の痛手を女性はすぐ忘れるのに男性はいつまでも引きずっている…なんてよく耳にしますが、それは女性が恋愛のことを他人に話す傾向にあるから、つまりアウトプットに秀（ひい）でていて、早く「どうでもよくなる」（！）からなのです。

一刻も早く忘れたいのなら、悲しみに浸り、思う存分泣き、悲劇のヒロイン（ヒーロー）になること。これが、トラウマ解消の極意なのです。

「シロクマ」に気づかない人もいる

ところで、自分の中に住むシロクマ＝心の傷を、自覚できている人はまだマシだと思います。日々カウンセリングをしていると、本当は心に傷を抱えているのに、それに気づかず苦しんでいる人の多いことに驚かされます。

彼らが口にするのは心の不調ではなく、決まって体の不調。眠れないとか、悪夢を見るとか、おなかが痛いとか。

でも私がじっくりと話を聞いていくと、ほとんどの場合、そういう人たちが「人間関係」に潜在的な悩みを抱えていることがわかるのです。

先日も、「偏頭痛がひどい」というある男性の話を掘り下げて聞いてみれば、結果的には、「最近、息子とのつきあい方がわからなくなった」という親子関係のこじれが浮き彫りになってきました。そういう場合は、頭痛を治療しようとするより、息子さんに関する悩みを共感的に聞いてあげるほうが、すっかり体調が治ったりするものです。

ある内科医の先生が言うことには、心の傷を一人で抱え込んでいると、その人の体の弱い所に疾患となって現れるのだそうです。

体の不調を隠れミノに、潜む心の傷。「シロクマ」の存在を見落としてはいけません。

でも残念なことに、人は心に固着した「シロクマ」が悪さしていることに、一人ではなかなか気づけない。例えば、アルコール依存症を患っている人は、どうやったら断酒できるかばかりに気をとられて、アルコール依存に至る理由となった心深くに潜む傷には、なかなか気づくことができません。

そう、心の傷を治す第一歩は、その傷に気づくこと。あなたを苦しめているものは何ですか？　それを記憶の隅に押しやろうとするのではなく、自覚的になることがスタート地点なのです。

トラウマを克服するには、心の傷に行き当たり、そしてその上で、忘れようと頑張らずに、敢えてじっとその傷を見つめる。時には、思い切って塩をすり込んでみる。

近頃なんとなく体調がすぐれない…なんて感じているあなた。もしかすると心の奥深くに、大きな「シロクマ」を飼っているのかもしれませんよ。

アタマが真っ白！
パニクる気持ちはこう抑える
［回避的コントロールの限界とパニック解決法］

大事なプレゼンや試験の前夜って、ソワソワして落ち着きませんよね。交感神経がピリピリ働いて、なかなか寝つけない。しかもよりによって、それで翌朝大寝坊！

そんなお粗末なことで、めちゃくちゃパニクって会場に駆け込んだけど…いざプレゼンという段になったら、今度は突然頭痛と吐き気が！　実はこれ、私によくあるパターンです。

これほどではなくても、予期せぬハプニングに見舞われて頭が真っ白！　そういう経験、あなたにも一度はあるのでは？

ひどい場合には、アブラ汗がベッチョリ出て、手足がガクガクしたり、私のように吐き気がしたり。パニクるとおなかが痛くなってトイレを探し回る、というのもよく聞く話。なかには、気が遠くなって立っていられなくなる人もいます。

強いプレッシャーを感じると、決まってそういう身体症状が襲ってくる。いったい私の体はどうなっちゃったんだ？　そう人知れず悩んでいる人って、実は少なくありません。

こういった人たちは、心理学的には「**パニック発作**（panic attack）が起きている」と診断されることになります。

発作といっても、特に珍しいことではありません。ある調査では、実に4割以上もの人が、「極めてひどいパニック発作を経験したことがある」と答えています。

何事にも、緊張感を程よく保つならプラスに働くのですが、大事なプレゼンの度にパニクり、舞い上がって実力が発揮できない、となると、本当に困りものですよね。いかなる場合にも平常心をキープし、肝を据えて物事に対処できるようになるには、いったいどうしたらいいのでしょうか。

パニクる人がやってしまう、大間違いの対処法

パニック発作を恐れるあまり、緊張する場面はおろか、日常の通勤通学さえままな

らなくなり、困り果てて心療内科を訪れる人も少なくありません。これは本当に気の毒です。ここまで来ると、今度は「**パニック障害**(panic disorder)」という診断になり、本格的なカウンセリングや薬物療法が必要となってきます。

実は私自身も、ある時期まで、かなり深刻なパニック障害で悩んできました。ですから、心理学の勉強を始めてからは、パニックを鎮める思考法やカウンセリング法について、懸命に模索してきました。そして、ある一つの「解決法」にたどり着いたのです。

その植木理恵式(!)解決法は、すべての人に役立つものです。パニック発作とまでいかなくても、「パニクる」「アガる」という現象は、誰にだって起こることですが、これを知れば、そういう状況から速やかに脱出して、冷静さを取り戻すことができるのです。

さて、とっておきのその方法をお教えする前に、別の大切な話を一つ。まずは反面教師として、パニック障害に悩む人の「思考パターン」について、知っておくことが必要ですから。

私もかつてそうだったのですが、緊張が高じて意識を失ってしまうような人たちには、一つの大きな共通点があります。それは、少しでも気分が悪くなったら間髪を入れずに、「私はヘンになってなんかいない。どこも痛くない。気のせいだ！」と、身体症状を完全否定すること。これ、心理学では**「回避的コントロール」**と呼ばれる行為です。

とにかく深呼吸したり胸を叩（たた）いたりしながら、「平常心…平常心…」と、気持ちを鎮めようと頑張る。自分を必死でなだめ、また強烈に励ますのです。

そうすると、心が落ち着きそうな気がしますよね。ところが、この「回避的コントロール」こそが、実は大間違いなのです！

だって、前項の「シロクマ実験」の話、覚えていますか？　人は、「忘れよう」と努力すればするほど、強く思い出してしまうのでしたね。それと同様に、**「なんとかして落ち着こう」と自分に言い聞かせることは、むしろ「こんなにも緊張している自分」を、クッキリと心に浮かび上がらせてしまうのです。**

「大丈夫、気のせい！」と身体症状を強く否定するほど、「実際は全然大丈夫じゃない自分」がハッキリ見える。皮肉な話ですが、そういう思考と身体の「乖離（かいり）」を体感することで、より一層、本格的な焦燥感に襲われてしまうのです。

「ダメだ、平常心になれない。ヤバイ、どうしよう…」と、自分のテンションを調節できなくなって、挙げ句の果てにもっと舞い上がってしまったり、気が遠くなったり…悪循環に陥るのです。

とはいえ、回避的コントロールは、人間が持っている、大事な防衛本能の一つ。ネガティブな気分はなるべく感じないように努める、気のせいにしようとするのは、誰もがやってしまうことなのです。

でも実は、回避的コントロールが有効なのは、あくまでも予防的な段階だけ。「なんだかパニクりそうだ」「気分が悪くなりそうだ」という時点ではそれなりに効果があっても、実際にパニクってしまった「後」、具合が悪くなってしまった「後」では、それを打ち消そうとしても、決してうまくいきません。シロクマ実験の理屈から考えても、それは完全に逆効果なのです。

では、どうすればいいのでしょうか。いよいよ「解決法」、お教えしますね。

パニックを鎮める必殺技は、ひとり実況中継

先ほども言いましたが、私自身、長年パニック発作に悩まされてきた一人です。緊張状態に陥ると、太ももがガクガク、背中は汗ビッショリ。ひどいときは、意識がフワッと薄れて気を失ってしまう…そんな症状に、小学生の頃からずっと悩んできました。

でも今は、そんな気配はまったくありません。むしろ、大勢の人の前で講演するのは好きだし、テレビの生放送でも落ち着いてしゃべれるタイプです。パニックだけでなく、緊張、プレッシャーをうまく「かわす」方法を、身に着けてしまったからです。

緊張や不安を鎮めてくれるのは、「それを抑え込んで、なんとか乗り切ろう」というメンタルコントロールではありません。歯を食いしばって抵抗してはいけないのです。

体調が悪くなったら、すっかりそれを認めてしまって、湧き起こる苦しみに身をゆだねることが大事。**苦しみから逃げようとせずに、思いっきり堪能？　すること。**これが、克服への基本的な考え方になります。

では、具体的には、どんなことをすればいいのでしょうか。ここからが、私が見つけた、とっておき。

「回避的コントロールをせず、あきらめて苦しみに身をゆだねる」ことを上手に行うには…**そのときの自分の状態を、自分で詳しく「ひとり実況中継」すること！**

例えば。私は、緊張してちょっと手が冷たくなってきたら、「おっと手が冷たい。ジーンと冷たくなってきた」と、一人でブツブツ言うのが習慣になっています。

頭もよく痛くなるのですが、そういうときは、「頭が重いなー。どんどん重くなってきた。あ、コメカミも痛い」というふうに、一人で盛り上げて？　いきます。
つまり、**苦しい症状から逃げずに、逆に詳しく言語化することがポイント**。心の中でコッソリやるのも効果はありますが、できれば、ちょっと恥ずかしくても、ブツブツ口に出してやると効果てきめんです。

ひとり実況中継をしていれば、それ以上に具合が悪くなってしまうことはありません。むしろ、しつこく言語化しているうちに、いつの間にか身体症状は軽減され、冷静さを取り戻すことができるのです。

このパニック解決法（パニックそのものをなくすのではなく、パニックは認めつつうまくつきあう方法なので、〝解消法〟ではなく、〝解決法〟です）は、もちろん私だけでなく、私のクライアントたちにも試してもらっていますが、結果は極めて良好で、パニック発作にかなり有効な対処法であることを、私は確信しています。

実際に、痛みを感じている箇所の皮膚電位を測定してみたのですが、これが一目瞭(りょう)然(ぜん)！　ひとり実況中継してもらった場合は、その痛みの感覚が次第に軽減されます。反対に、苦痛を堪(こら)え黙り込むよう強要すると、痛みや不快感をより強く感じるようになったのです。

万が一、すっかり舞い上がってしまって実況中継どころじゃなくなっても、周りの人に、「緊張して吐き気がしてきた！」などと、率直にカミングアウトするだけでも効果があります。大事なのは、言語化すること。我慢しようと抑え込んで、ジッと黙っている生真面目さこそが、パニックをますます大きくしてしまうのです。

気の持ちようで苦しみは消える

「苦しみに抵抗するのではなく、苦しみを認めて身をゆだねることが、パニックを脱出する近道」。実は、心理学者たちでさえ、この逆説的な考え方に気がついたのは、比較的最近のことです。わずか半世紀ほど前のことなのです。

それまでは、皆さんと同様に、パニックに悩む人に「環境を変えてみたら？」とか、「なるべく忘れるようにしてみたら？」とか、回避的コントロールを勧めていたのです。

その流れが変わったのは、アメリカの心理学者アルバート・エリスが1955年に発表した、**「ABC理論」**（図3）からではないかと、私は考えています。これは、物事の「発生」と「結果」を論理づけた研究です。

AはActivation（出来事、発生）、BはBelief（考え方、信念）、CはConsequence（結果、結論）。それまで、物事はA→C、すなわち、「出来事」がそのまま「結果」につながっていると思われていました。しかしこの理論は、Ａ↓Ｂ↓Ｃ、つまり、「出来事」は「考え方」を経由することで初めて「結果」を生む、と考えたのです。

同じようにイヤな出来事が起きても、「それをどのように解釈するか」という、いわば「気の持ちよう」を変えるだけで、自分自身で結果を変えることができる。

それまでの心理学は、ネガティブな状況を回避するために、長年Ａの部分にこだわ

［図３］ABC 理論

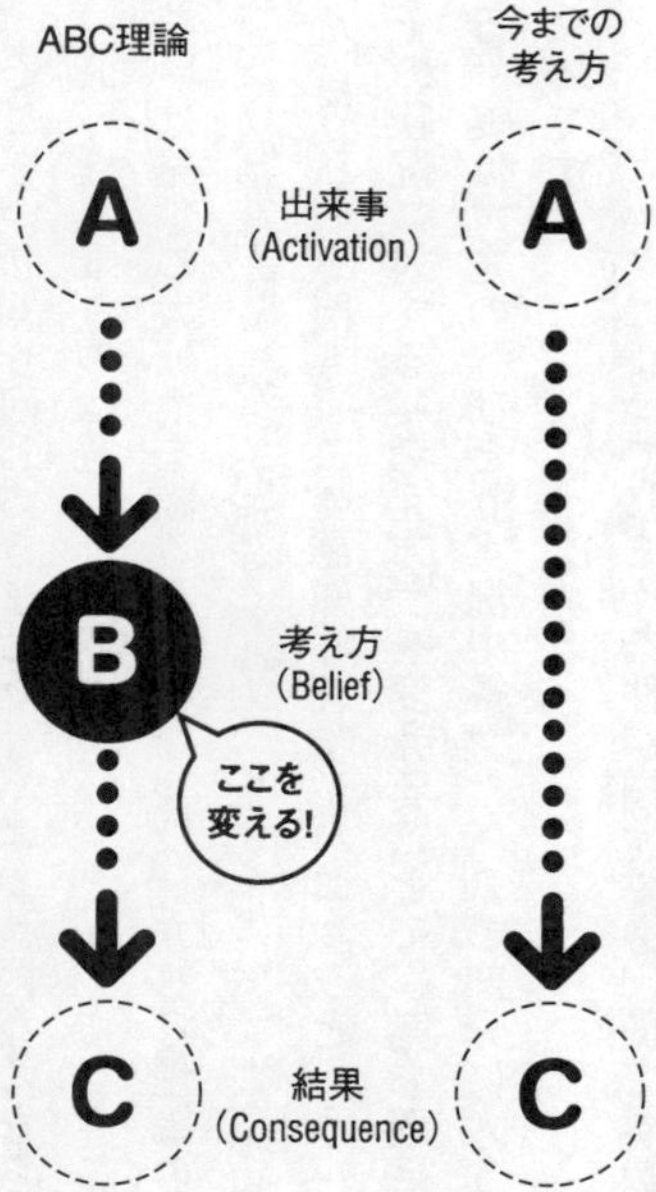

認知心理学では、出来事と結果は直結しているのではなく、その二つの間には人間の「考え方」(「信念」「解釈」「気の持ちよう」) が介在していると考えています。これら「考え方」を変えることによって、人はネガティブな精神状況から脱出できるというわけです。

って、そこをいじくり回してきました。パニックになるなら、職場を変えてみれば、とか、飛行機に乗るのは避けたほうがよい、とか。でも、このエリスの発表により、心理学界は発想の大転換を図ることになった。ＡＢＣ理論のＢの部分を分析・研究する、「認知心理学」という心理学の一大ジャンルは、この後誕生したのです。

かく言う私の専門も、この認知心理学。**パニックという「出来事」そのものではなく、その状況に対する「考え方」を変えることで、落ち着きを取り戻す「結果」を得られる。**実は、先の「ひとり実況中継」は、Ｂの部分に大きな影響を与えようという作戦なのです。

いくらパニックになってしまう条件が揃っても、慌てず騒がず、自分の状況を客観的にじっと見つめる。実況中継するくらいのユーモアを持つ。そんな気持ちさえあれば、意外に簡単に、パニック状態から脱出できる、というわけ。

ちなみに、パニック状態って、何も緊張した場面に限りません。「怒りに身震いする」ような場合も、このテクニックは有効です。上司の理不尽なお説教や、ダンナ様の連日の朝帰りにキレそうになったら…、

「今そうとう頭に来てるなー。あまりの怒りに手が震えてきちゃった！」

なんて、ひとり実況中継してみると、きっと気持ちが鎮まって、大ゲンカにならず

にすむはず。ただ、この場合は、中継が相手に聞こえちゃうと「バカにしてるのか！」なんてことになりかねないので、若干のご注意を。

失恋した夜、「軍艦マーチ」は
「中島みゆき」よりブルーな曲になる
[元気回復のカギは、気分不一致効果にあり！]

失恋した、仕事で失敗した…どうしようもなく落ち込む心。あなたは、どうやって気分転換していますか？　音楽を聴く、っていう人も多いのではないでしょうか。

では、どんな曲を？

心理学の世界でも、「音楽による気分誘導は効果的なのか？」という実験が行われています。その結果は、とても明快なものでした。被験者は、明るい曲を聴けば楽しくなったし、暗い曲を聴けば悲しくなった。

音楽が持つこの力は、**「気分一致効果」**と名づけられました。

ということは、落ち込んだ気持ちを振り払い、前向きになるために聴く曲は…例えば、パチンコ店でずっと鳴り響く、あの「軍艦マーチ」なんか最適ってことですよね！

ところが。実際にカウンセリングで、落ち込んだ気持ちのクライアントたちと日々向き合っているカウンセラーたちから、先の実験結果に疑問の声が上がります。ふさぎ込んだクライアントたちに明るい曲を聴かせても、全然楽しくなってくれない。それどころか、ますます落ち込んでしまった…。

首を傾げた心理学者たちは研究を重ね、別の事実に行き当たりました。そして、こんな結論にたどり着いたのです。

＊気分がニュートラルな状態（高揚したり落ち込んだりしていない普通の状態）であれば、音楽に対して気分一致効果が働き、気持ちの誘導が可能になる。

＊しかし、気持ちが滅入っているような人たちは、明るい音楽に対してむしろ気分〝不〟一致効果とも言うべき現象が起こり、より落ち込んでしまう。

そう、落ち込んだときに明るい曲を聴くのは、まったくの逆効果だったのです！

落ち込んだときは、気分を盛り下げよう

では、失恋した夜、その悲しみをどう癒やせばいいのでしょうか？　音楽なんてアテにできない？　いえいえ、音楽が持つパワーはなかなかのもの。実は、悲しいなら、明るい曲による「気分一致効果」で気持ちを揚げようとするのではなく、逆に悲しい音楽に思いっきり浸れば、「気分不一致効果」で前向きになれるんです。おもしろいでしょ？

なぜなら、「悲しい」とは、何か意味があって気持ちが沈み、心を閉ざしている状態。それは、起きた出来事に対する体の自然な反応なのです。「今はすっかり頭を休ませてしまえ！」と、脳からシグナルが出ている。

体がそんな休息を欲しているのなら、それを無理に邪魔せず、心に沿った悲しい音楽を聴いて気持ちを盛り下げまくるほうが身のため。**失恋したときは、例えば中島みゆきさんの悲しい歌声に浸ってください。**

「急がば回れ」ってことわざがありますが、まさにそんな感じ。休息がちゃんと終われば、心は前向きに活動を再開する、というわけです。

私自身、カウンセリング中のＢＧＭにはかなり気を配っています。

クライアントの大半は、気分が沈んでいる状態。そんな人たちには、敢えて短調で暗めの音楽を選んでいます。例えば、いかにもメランコリックなシャンソンとか、クラシックとか。落ち込んでいる人に、よかれと思って明るく華やかな音楽をかけると、かえって気が滅入ってしまって、いつまでたっても元気になれないものなのです。

カウンセリングにおける暗い音楽の効果は、それだけではありません。気分をリラックスさせ、自分の内面に目を向けやすくなる。集中力が高まるのです。自己洞察が進むので、より密度の高い心理分析ができます。

ハタから見ると、悲しげな音楽の中、ボソボソ、メソメソと話し込んでいる、ものすご〜く暗い状況。

でも、そんなカウンセリングを終えたクライアントは、すっきりした顔で、実に朗らかに帰っていきます。明るい音楽をかけていたら、絶対そうなりません。まさに、「気分不一致効果」の力によるものです。

負け犬は負け犬と過ごすのがいい

さて、ここまで音楽の話をしてきましたが、実は、これは音楽に限った話ではありません。

失恋した夜に見るお笑い番組はやたらと虚しいし、楽しいはずの飲み会も、遊園地も。**悲しいときには、あらゆる楽しい系イベント、いわゆる「気晴らし」は逆効果です。**

失恋した直後に、彼氏や彼女とラブラブ状態の友達に会いたくないっていうのも、嫉妬しちゃうからだけじゃない。会いたくないのには、心が求めるそれなりの理由があったんです。

実際、ウツの人を気晴らしにどこかへ連れ出したりすると、その後すごく具合が悪くなります。気分がローなときには、ハッピーな人に会って無理に取り繕うよりも、むしろ負け犬に徹する。そして、**負け犬同士で傷をなめ合うような、「同病相憐れむ」ことこそ、実は最良の薬なのです。**

「エンカウンター・グループ」というカウンセリング手法がありますが、これは、落ち込んでいるなら落ち込んでいる者どうし、同じテンションの人で集まって、お互いの自己洞察を手伝い合う、という方法。ローな気分から早く立ち直るコツは、内へ内へとどんどん向かって、行き着くところまで深〜く沈み込んでしまうことなんです。

その掘り下げ作業を、同じ気分の人どうしで手伝い合うというわけ。

私もカウンセリングでは、クライアントがふさぎ込んでいればふさぎ込んだ気分で話すし、泣けば一緒に泣くことだってあります。カウンセラーが一方的に元気オーラを出しまくっていると、かえって相手の心は地の底まで沈んでしまうのです。

そんなわけで、落ち込んだ気分から抜け出すための気分転換の極意は、自分のローテンションに合った人と一緒に過ごすこと、ローテンションに合った環境に身を置くこと！

悲しいなら、薄暗い部屋で「中島みゆき」でもかけて（いや、みゆきさんの曲でなくてもモチロンいいのですが…）、しくしく泣いて悲しみにどっぷり浸ればいいのです。

一晩もすれば、そんな自分がバカバカしく思えてきて、気分スッキリ！　悲しいときは、暗い部屋と悲しい音楽、できれば、悲しい友達？　それがハッピーへの近道ですよ！

なぜ宝クジは他人に頼まず自分で買いに行きたいのか？
「ウツな人に学べ！　コントロール・イリュージョンとのつきあい方」

自分自身で選択したことは、きっといい結果を生む！　私たちは皆、心の奥にそんなエゴイズムを持っています。そういう思い込みのことを、心理学では「コントロール・イリュージョン」と呼びます。訳すなら、「支配できる幻想」といったところ。

人は多かれ少なかれ、そういう根拠なき幻想を抱いて生きているのです。

身近な例では、宝クジの購入。やっぱり「自分で」売り場に並んで、自分のお金で買う人が圧倒的多数ですよね。そのほうが、なんだか当たる気がする。めちゃくちゃ忙しい師走（しわす）であっても、宝クジ購入を適当に誰かに頼む人って、ほとんどいません。

これこそ、コントロール・イリュージョンのなせるワザ。

ところが。そんなイリュージョン（幻想）をまったく抱かない人たちがいます。それは、ウツの患者さんたち。

ウツの人は確率判断の天才！

実際に、宝クジが当たりそうかどうかという「期待度」を測った実験を見てみましょう。ウツの人とそうでない人それぞれに、宝クジを「自分で買う場合」と「他人に頼む場合」、どちらが当たりそうだと思うか。その期待度を答えてもらった調査です（図4）。

［図4］ウツ患者の確率判断力

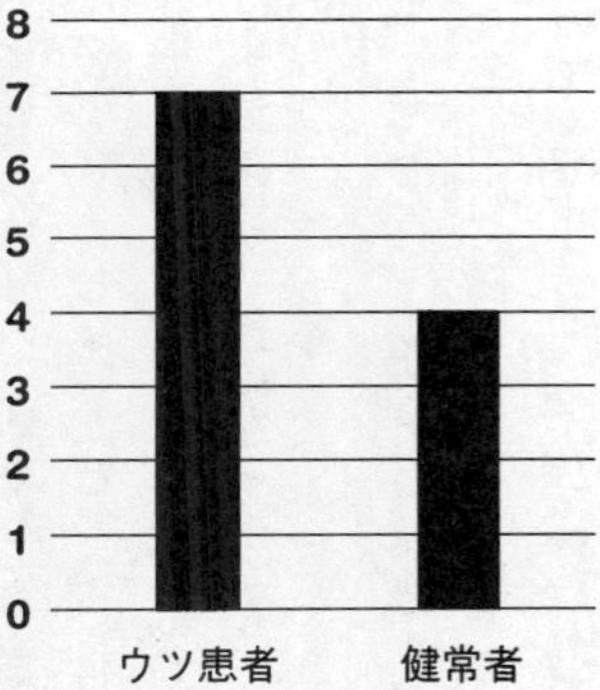

グラフからわかるように、ウツ患者は健常者に比べて、2倍近く確率的判断に長けています。ウツの人たちは冷静かつ批判的に物事を見て、その本質を見極めることができる天才かもしれません。

すると、**ウツの人たちはすごく冷静かつクリティカルに（批評的に）物事を判断しているこ**とがわかります。彼らの期待度は「自分で買う」も「他人に頼む」も同程度。それに対して、普通の人たちの期待度は、「自分で買う」のほうが「他人に頼む」をはるかにしのぐ結果となりました。

ウツがある人とない人とでは、判断結果にずいぶん違いが見られるようです。確率論的には、宝クジが当たるも外れるも、完全に偶然の領域。ということは、誰かに頼んで買ってきてもらっても、当たるか当たらないかの確率は、まったく左右されないのです。

ということは、「正しい」のはウツ病患者の判断。ウツは病気のはずなのに、かえって頭が明晰に働いているということ。なんだか逆説的ですよね。だからこの現象、「ウツ病パラドクス」なんて呼ばれて注目されているのです。

そしてウツの人は、統計的判断の天才でもある！

突然ですが、「大数の法則」ってご存知ですか？　統計学用語で、「ある出来事が起こる確率は、偶然や不規則でなく、常に一定割合にある」という法則です。

例えば、サイコロの目の「1」が出る確率は、理屈の上では6分の1のはずですよね。そりゃ5、6回振ったくらいでは出る目は偏っていて、「1」ばかりが続いて出たり、反対に一度も出なかったりするかもしれません。でも根気強く何十回も何百回も振れば、結局は6分の1に収束するものです。

このように、試行する回数を増やせば増やすほど、その真の値（この場合は、サイコロが持つ真の性質）が、より正確なものに近づいていく。物事は、何度も試してみることで初めて真実がわかってくる。これが、大数の法則です。

この法則、頭ではわかっているようで、デイリーに実践できている人はほんの一握り。むしろこの法則をすっかり無視して判断を誤ることが、私たちの生活ではしょっちゅうなのです。

例えば、ある新装オープンのレストランに行ったらすごく美味しくて感激した、というシチュエーションを思い描いてみてください。でも2回目に出かけてみたら、イマイチ美味しくなかった。がっかりしますよね。

さて、こういうとき、あなたならそのレストランにどんなジャッジを下すでしょうか。多くの人が、「なんだ、あの店、たいしたことないな」と早々に見切りをつけて、足を運ばなくなってしまうでしょう。

しかし、大数の法則で考えてみると、これはサイコロを2回しか振っていないようなもの。その程度のトライアルでは、店の真価は本来わからないのです。

一方、それをよく心得ているのがウツの人たち。

「2回では何も判断できないでしょ、だからまだわからない」

こぞってそういう考え方をします。味も素っ気もない回答ではありますが、大数の法則にのっとった統計的判断をするのです。

ウツの人たちは、物事の真実を見抜く天才なのかもしれません。普通、「自分で選んだ店はウマイに決まっている」とか、反対に、「あんなマズかった店には二度と行かない」といったコントロール・イリュージョンを持つものですが、彼らはそういうエゴイスティックな判断を、徹底的に排除して生きているのです。

別の例で考えてみましょう。合コン。ウツっぽい人が行くと、「この４人の女性だけを見ても、本当にいい人がいるか今すぐには決められない」と判断し、絶対に進展しない、超テンションの低い合コンになります。

しかし元気いっぱいの人は、４人しかいない中からいきなり、何の根拠もなく「運命の人」を見出(みいだ)すことさえあるのです！　これなど、まさにコントロール・イリュージョンあればこそ。「世界でたった一人のヒト」を自分で見つけ出したい。そういう願望が、無理やり４人の中から一人を選び出して、くっつかせるのです。

そっちのほうが一時的には楽しいかもしれません。でも、たった４人から運命の人を見つけ出そうという幻想は、確率論的には、やっぱり誤りということになってしまいます。実際、合コンやパーティで一気に盛り上がってくっついたカップルは、あまり長続きしないというデータもあります。

私たちは、自らのコントロール・イリュージョンを過信し、ひとりよがりな間違った判断をたくさんしてしまっているわけです。とはいえ、その過信こそが、心を明るく元気にしているのも事実。正しくものを見るということは、実はとってもつらいことなのですから。

間違えてこそ幸せに生きられる、でも…

そうなのです。実は、**コントロール・イリュージョンこそが、人間の幸福感の源であるといえるのです。正しくない判断があるからこそ、ハッピーになれる。現実が見えていないから、過度の希望が持てる。**

宝クジを買いに並ぶのも合コンに行くのも、「確率」が見えちゃったら楽しめませんよね。たとえ間違っていたとしても、コントロール・イリュージョンをたくさん持つことが、幸せになる近道なのです。だって、幸福感なんて、そもそも主観的なものなのですから。

でも一方で、コントロール・イリュージョンによる幸福感は、やっぱりイリュージョン（幻想）でしかないというのも事実。最終的には、当てが外れてがっかりする結果になることも多い。

そこへいくと強いのが、ウツの人。彼らは、宝クジだの合コンだのに、あまり幸せや楽しみを感じません。その代わり、堅実で冷静な判断ができる。だからこそ、本当に必要なものや、価値あることを見出す能力には、たいへん秀(ひい)でています。

ですから、基本的には「自分で決めたことはうまくいく」という幻想を持っているほうが、私たちは元気に過ごせるのですが…例えばお見合いとか就職といった、**ここ！という人生の一大事を決定するときは、ウツ病の人たちのクリティカルな思考パターンを取り入れてみるのがいいと思います。**

たった一度や二度のトライでは真実はわからない。自分で決めたことが常にうまくいくとは限らない。そういう確率論的・統計学的判断を忘れずにいれば、あきらめずに何度もチャレンジしたり、人の助言にきちんと耳を傾けたりできるはず。

人生の大きな決断をする際には、ウツの患者さんたちの考え方に学ぶことも、少なくないのです。

幸せになりすぎると
かえってツライ！
「ストレス・マグニチュードを下げるコツ」

突然ですが、「あなたはどれくらい幸せになりたいですか？」って聞かれたら、なんて答えますか？

「最大限、力いっぱい幸せになりたい！」って、ほとんどの人が答えるんじゃないでしょうか。

では、「どうなったら幸せ？」と尋ねられたら、どんな出来事を思い浮かべるでしょう。好きな人との結婚？　思いがけぬ大出世？　それとも、宝クジで大当たり？

確かにどれも、一時的には嬉(うれ)しいに決まっています。しかし、人の心理は複雑怪奇なもの。ラッキーなことが起きたからといって、必ずしも「幸福感だけ」を、享受(きょうじゅ)できるわけではないようなのです。

実は、アメリカで行われているストレス研究によると、「結婚」「昇進」「大金獲得」といった輝かしい出来事は、喜びという感情だけではなく、同時に大きなストレスになることが明らかになっているのです。

心理学では、人が感じるストレスの大きさを「地震」になぞらえて、**「ストレス・マグニチュード」**（図5）と呼んでいます。その大きさを1位から順にランキングしたユニークなグラフなのですが、それを見れば、喜びとストレスの関係が一目瞭然。「配偶者の死」や「親友とのトラブル」などの悲劇を押しのけて、結婚・昇進・大金獲得などが、なんと10位以内に続々とランクインしているのです。

本来は、もっと単純に幸せの絶頂を感じてもいいはずの出来事。それが同時にストレス源だったなんて。いったいどういうことなんでしょうか。

成功が怖い！　その心のウラにあるもの

実は、私たちの「幸福感」と「恐怖感」は、常にワンセット。表裏一体を成しているのです。

例えば、長年の片思いが思いがけず成就して、晴れて恋人になれたとき。急に、「相手を失うのが怖い」「また片思いに戻ったらどうしよう」という妄想的不安が生ま

[図５] ストレス・マグニチュード

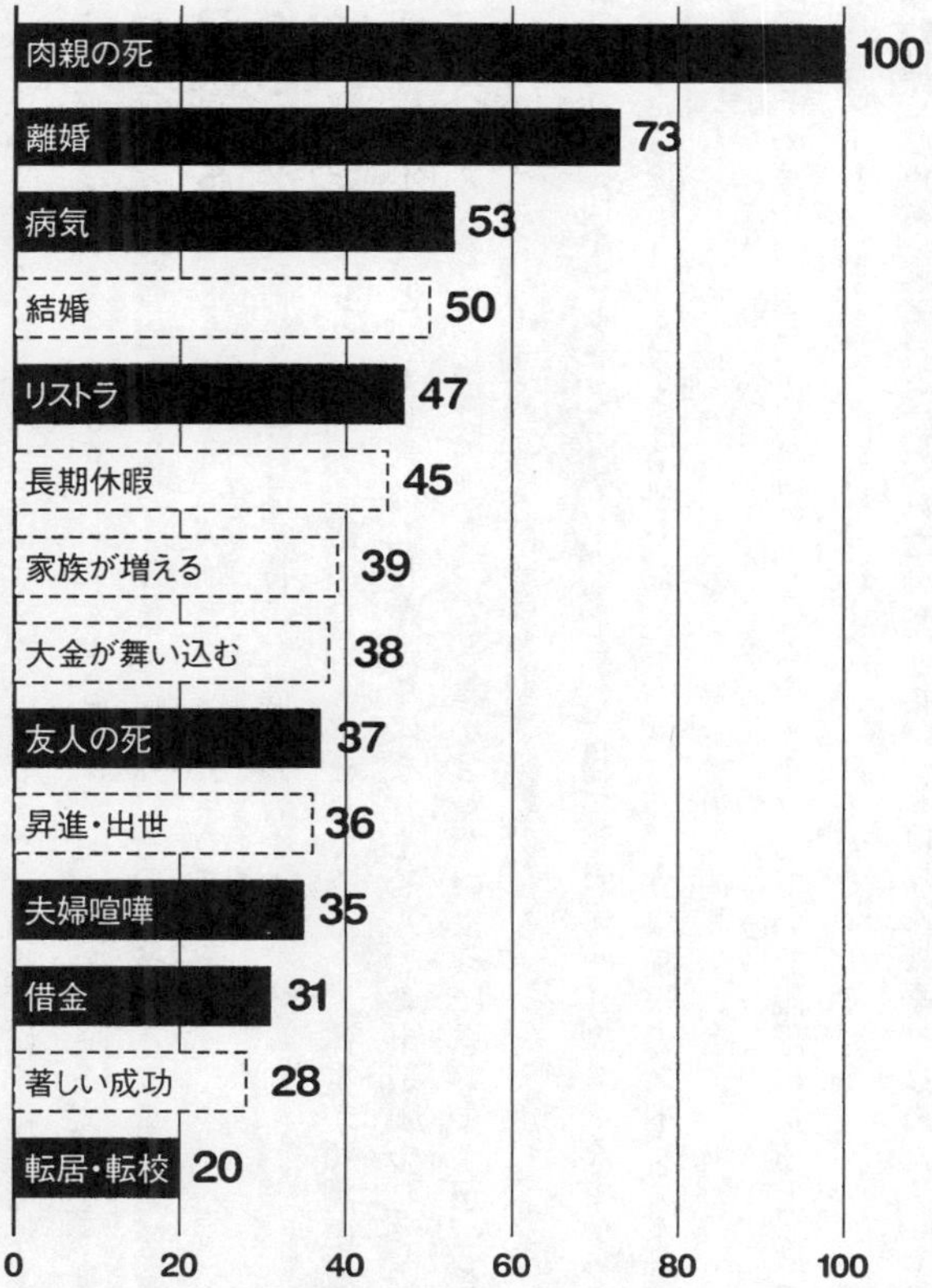

ストレスは通常、肉親の死、離婚、病気、リストラなどのネガティブな出来事に対して起こるのはわかりやすいのですが、皮肉なもので、結婚、長期休暇、昇進・出世などの一見ポジティブで幸せな出来事に対しても起こります。

れて、片思い時代よりもかえってツラくなってしまう。よく耳にする話です。こんなにうまくいっていいの？　これ以上ない幸せ、後は落ちるだけじゃないの？　ラッキーなことが起きたときほど、無意識のうちにそんな予期不安を感じて、起こるとは限らない不幸にビクつく日々が始まってしまうのです。

落ちることへの恐怖感。これは、特に女性に顕著なようです。

ダイエットとストレスの関係を調べたデータを見てみると、体重が順調に減っていく過程では、不思議とストレスは大した強さになりません。食事制限をしているのだから、もっとストレスいっぱいになってもおかしくないように思いますが、どうやらそうでもない。

おそらく、「何キロシェイプアップ」とか「目指せモデル体型」なんて夢を持って頑張っている途中は、むしろ情熱や楽しさのほうが、食事制限のストレスを凌駕(りょうが)するのでしょう。

問題はその後。理想体重に到達し、それをキープしていく段階になると…ここからいきなりストレス値がうなぎのぼりに上がっていくのです！

思い描くプロポーションになれたのだから、「私はなんて幸せなんだ…」と、シンプルに酔いしれればいいはずなのに。でも実際は、目標達成した後のほうが、むしろ心はしんどいのですね。

ダイエットの成功をきっかけに摂食障害になってしまう女性は、後を絶ちません。なかには、わずか数百グラム体重が増えただけで、「また太っちゃったらどうしよう」という恐怖に、涙を流しておびえる人も。「ダイエット成功」という幸福感と、「リバウンドしたくない」という恐怖感。

「幸せ」と「不安」は、確実にワンセットでやって来るようです。

セレブ生活は、意外とストレスだらけ

ここだけの話ですが、私のカウンセリングに訪れるクライアントの平均年収って、ボリュームゾーンがだいたい「３００万円」と「２０００万円」の二つにくっきり分かれています。

これは、現代日本の両極端、といえる年収層です。その両極端が、突出してストレスを訴えてくるということは、年収とストレス・マグニチュードには少なからず関連があるということでしょう。

考えてみれば、低所得層の人に心労が溜（た）まるのは、ある程度必然なのかもしれません。仕事が思うように進まなかったり、自分に自信が持てないようなことも、時にあ

るでしょう。

しかし不思議なのは、高所得層の人々が、なぜこれほどカウンセリングを必要とするのか、ということ。

年収2000万円ともなれば、サラリーマンとしては、かなり優遇されている存在。それなのに、いや、それだからこそ、現状から落ちてしまうのが怖いのでしょうね。実際、高所得な人ほど、少しでも仕事がうまくいかなくなると、「もうダメだ、自分はものすごくビンボーになってしまった」と感じ、耐えがたい状況だと思うようです。

この、「ビンボーになるのが怖い」という、落ちることへの過度の恐怖感を、精神医学では「貧困妄想」と呼び、ウツ病の初期症状の一つと考えています。**セレブと呼ばれる人たちは、常にこの貧困妄想と戦わなければならないわけです。**

周囲からも羨望（せんぼう）の目で見られている分、ちょっと失敗しただけでも目立ってしまいます。努力して勝ち取ったセレブリティ生活のはずなのに、心理的にはかえって「崖（がけ）っぷちの恐怖」に立たされてしまう。なんだか皮肉な話ですね。

母親の70%ぐらいが、ほどよいハピネス

さて、それなら私たちは、いったいどの程度の幸せを最も心地よく感じるのでしょ

うか。

ここで、女性の幸福度に関するデータを一つご紹介します。30代の若い主婦を対象に、日常生活への満足度調査を行ったところ、最も幸福感が強かったのは、**「今のところ、自分の母の70％ぐらいの満足度」、と答えた女性たちのゾーンだったのです。**

お母さんといえば、多くの女性にとって、一定の理想基準となる対象ですよね。その基準に、ある程度は近づいたんだけど、まだ…という、多少物足りなさを残したぐらいの満足感。それが、最も幸福を感じる値になったというのは、とても興味深いですよね。

とはいっても、実際には、ほどほどのハッピーを探ってそれをキープする、なんてかなり難しいこと。

だって、自分の本能に素直に従えば、本当は母親を５００％超える玉の輿に乗りたい、とか、７００％出世したい！　と欲するのが、健康的なチャレンジスピリットです。それに、レベルアップできる可能性があるなら、行けるところまで行きたくなる、極めたくなるのが、人間の性でしょう。

これって、よく考えるとけっこう苦しいジレンマですよね。

だって、**成功を極めたいという感情はムクムクと湧いてくるけれど、実際にそれが**

叶うと、今度は失う恐怖感に襲われる。私たちは皆、そういう矛盾の狭間に、常に立たされているわけです。

困った問題です。せっかく大成功したのなら、何も恐れず、胸を張って堂々と生きていきたいものです。では、そのためにはいったいどんな考え方をすればいいのでしょうか。

「仮面」がたくさんあれば、何も怖くない

実は、何かを最高水準まで極めても、それを失う恐怖感がいっさい湧かない方法が、一つあります。

それは、**普段から自分の中に、たくさんの「ペルソナ」を準備しておくこと**だと、私は考えています。

「ペルソナ」とは、本来は演劇で着用する「仮面」のこと。心理学用語としては、社会的な役目、立場…つまり人前で着ける心のマスク。言い換えれば、「キャラ」ってところでしょうか。要するに、自分の中に複数のキャラクターを内包しておけばいい、ということです。

例えば、「医師」を職業とする男性について考えてみましょう。もしも彼が、通勤

中も、友人といるときも、家に帰っても、そして一人で過ごすときも、その医者キャラだけを貫き通す男性だとしたら…これはとても危険なことです。

医師として臨床や研究に没頭し、医学博士↓医局長↓教授↓大病院開業、果ては年収数億…そうやって、まさに最高レベルに達してしまったとき、急に彼のメンタルへルスは危うくなります。かなりの確率で、彼は例の「貧困妄想」と戦い始めなければならなくなる。

それは彼が、「医師」という一つのペルソナしか持たず、それだけにしがみついて生きてきたツケがまわったのだといえます。医師という立場で、何か一つ小さなミスでも犯してしまったら、すべて終了。心理的に、どこにも逃げ場がなくなってしまうのです。

しかし、病院では医者らしく振る舞うけれど、家に帰れば甘ーいパパ、奥さんとのデートでは王子様気分、友人とはハメを外して遊び歩く…そんなふうに、彼が「医師」「父」「夫」、はたまた「カラオケ愛好家」「漫画オタク」というように、たくさんのペルソナを持っていて、それを柔軟に着け替えることができていれば、自分を窮屈に追い詰めるようなことにはならないのです。

職業上の失敗だけで、人生の幸福感のすべてが奪われるわけではない。裏を返せば、職業上の成功だけが、自己実現のすべてではない。「医師」としての小さな失敗が、「父」や「夫」としての幸福を崩してしまうわけではないのです。それを理解している人は、何も怖くありません。失敗を過度に嫌がることもなく、しかも、成功した幸福感を、シンプルに享受し続けることができる。

雑誌の対談などで、医師や弁護士といった専門職を持ちながら、一方でTVタレントやコメンテイターをしている方たちとお会いする機会がありますが、彼らは例外なく、まぶしいくらい堂々としています。

ペルソナを複数持って生きるのは、ストレスフリーな生き方なんだなあと、改めて実感してしまいます。

第2章　頭がよくなる心理術

なぜ上司の耳は自分の悪口だけ、よく聞こえるのか？

［脱・カクテルパーティ効果でライバルに差をつけろ！］

飲み会の席で、遠くに座っている上司の悪口を聞こえやしないだろうと思って話していたら、彼がこちらをジッとにらんでいた！…よくある話です。逆に、誰かが自分の噂（うわさ）をしていようものならどんな遠くからでも聞こえちゃう、なんて人も多いはず。いわゆる地獄耳ってやつですね。

実はこの「地獄耳」、聴力の良し悪し（よしあし）とは関係なく誰にでもあるものなのです。人呼んで**「カクテルパーティ効果」**（図6）。カクテルパーティのようなざわついた場所で誰かとおしゃべりしていても、遠くで話されている「自分の噂」だけはバシッと耳に入る。そういう意味でつけられた名前なんですよ。

実は、人間の耳はマイクやスピーカーのように客観的にはできておらず、自分に関係のある情報だけを無意識のうちに拾っています。

もちろんそれは、悪い噂や陰口に対してだけではありません。興味のある分野、聞いたことのある話など、自分がよく知っているジャンルの情報に関しては、特にビビッと耳が立ち、その情報を拾えるのです。

でもそれって、考えてみれば非合理的なことですよね？

［図6］カクテルパーティ効果

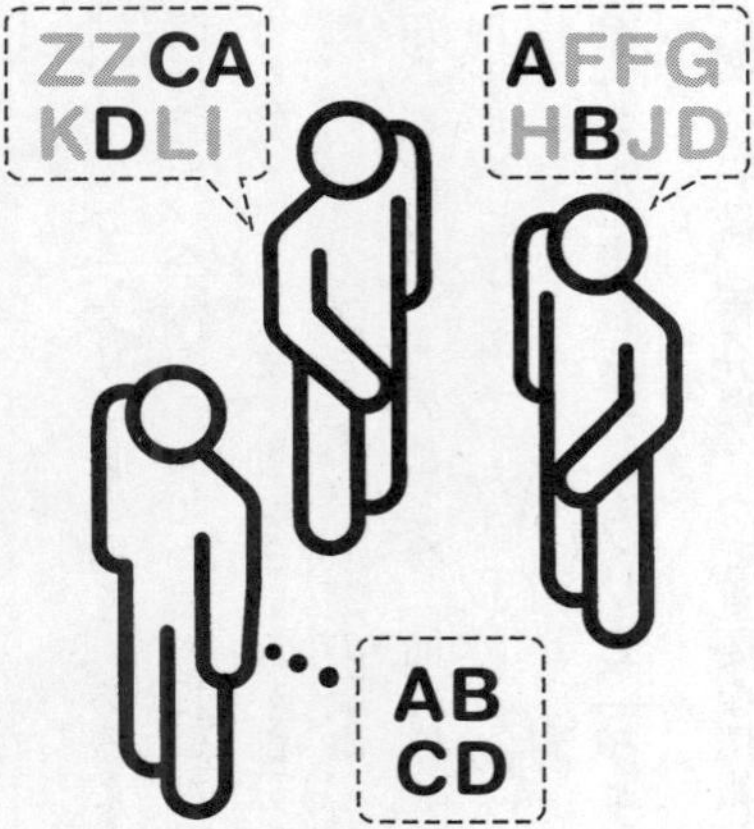

パーティなどのざわついた所でも、自分に関係ある情報（声）だけは耳に入ってきやすい。自分の悪口、噂話ばかりがよく聞こえるのではなく、自分がよく知っている分野、自分が興味ある情報などもよく耳に入ってきます。

だって、すでに知っていることを知るよりも、それまでまったく知らなかった世界について知るほうが、情報の種類も得意分野も広がって、情報収集力という点でずっと合理的なはず。それなのに、**なぜ人は、もう十分に知っていることをより知ろうとするのでしょう**

か。

実は、そのカラクリは脳の働きにあるようなのです。

人間は脳を、全体の5％しか使っていない、という説もあるそうです。新しい分野のことを知って、今まで使っていない部分の脳まで動かしたくない。最小限のエネルギーで、効率よく働きたい。**人間の脳は、どうやら、とってもケチのようなのです。**

認知心理学では、このことを「節約原理」と呼んでいます。私は、よりわかりやすいキーワードとして、「ケチ脳」なんて呼び方をしています。

オタクが生まれるカラクリも「ケチ脳」にあった！

私たちの脳は、自分にとって重要な情報しか拾おうとしない。周囲の物事をまんべんなく記憶するのではなく、自分に関係あることだけに神経をとぎすましている。地獄耳のようなカクテルパーティ効果が起きるのは、そういった脳内メカニズムの「ケチぶり」に起因していると考えられます。

例えば。「ご趣味は？」と聞かれたとき、「旅行と、演劇鑑賞と、数学と、マラソンと、あと編み物と、パチンコも…」なんて、あらゆるジャンルを山ほど挙げる人、いませんよね。せいぜい「読書と、音楽鑑賞です」みたいに、それほどかけ離れていない分野で二つか三つ。そういう人が、圧倒的多数です。

いろいろな脳の部位をフルに使って博識になるよりも、一つのことを掘り下げて理解を深めていくほうが、「節約したい」という脳のメカニズムから理にかなっているのです。

となれば、いわゆる「オタク」は、別にヘンな人たちではありません。自らの「地獄耳」に極めて素直に応じ、自分の興味の向くジャンルの知識だけを、徹底的に集めただけ。人として、ごくごく自然な姿なのです。

考えてみれば、オタクといっても秋葉原にいる人たちのことだけじゃなく、節約に精を出す主婦は「節約オタク」だし、モードに敏感な女の子だって「ファッションオタク」、男性には「仕事オタク」も多そうだし。かくいう私も、こんな本まで出して、立派な「心理学オタク」ですよね。

つまり、世の中はオタクだらけ。人は皆、ごく狭い範囲のごく特定の知識だけに、精通していくものなのです。

すべては自己愛のために

さて、このカクテルパーティ効果については、興味深い実験がいくつか行われています。

有名なのが、アメリカで行われた選挙演説に関する実験。それは、支持政党と非支持政党、それぞれの候補者演説を両方とも聞いてもらい、演説に対する理解力、集中力、記憶力を比較するというもの。被験者には、どちらの演説も同じように記憶するようお願いしています。

結果には、はっきりとカクテルパーティ効果が表れました。つまり、自分の支持政党の演説に対してのみ圧倒的に集中し、また、内容の一つ一つをよく記憶していたのです。一方で、非支持政党の演説は、不思議なくらい内容が思い出せない。

同様の実験は、宗教者の説教についても行われましたが、結果は同じでした。自分が信仰している宗教の説教はどんどん覚えるけれど、違う宗教の説教はほとんど記憶に留まらなかったのです。

これらの実験からわかったのは、単に「自分に関係のあることだけがよく聞こえる」というカクテルパーティ効果を超えて、**私たちの心は、自分自身の信念や哲学に反するような話は、敢えて（でも無意識に）耳に入れない、理解したくないようだ**、ということです。こうなってくると、「ケチ脳」というより、「イジワル脳」とさえ言いたくなりますね。

この現象の根底には、「**自分の考えを変えたくない、自己を肯定したい**」という、拭(ぬぐ)いがたい自己愛（エゴイズム）があると考えられています。

だからこそ、自分に関係する話題にはやたらと神経質になり、思わず地獄耳になってしまう。自己愛が脅(おびや)かされるようなことが周りで起きていないか、それが気にかかり、過敏なくらいにチェック機能を働かせているのです。

人が持つ自己愛の強さについて調べた、こんな実験もあります。

大学の文学部に所属する学生数十人にある作文を読ませ、それがどれくらい優れた文章かを評価してもらいました。その際、半数の学生には、「その作文は、実は工学部の学生が書いたものだ」と告げます。残り半数には、「その作文は、君たちと同じ文学部の学生が書いたものだ」と言うのです。

すると、「書き手が工学部」と聞いた学生たちは、作文に対しこぞって高評価。でも、書き手が自分と同じ文学部、と聞いた学生たちの評価は、とても辛口だったのです。「説得力がまったくない」とか「情緒を感じない」とか、それはそれは散々な評価。

まったく同じ文章を読んでも、「それを誰が書いたか」という情報によって、こんなにも評価が左右されるんですね。これはまさに、自己愛のなせるワザ。ライバル意識をあおられると、とたんにすごく厳しい目になり、相手のあら捜しをするようになる。「イジワル脳」の登場です。

自分のほうが優れていることを確認したい。自己愛を脅かされるのはイヤだ。そういう強い自己肯定に従って、偏(かたよ)った情報処理をするということです。

つまり、これも根っこはカクテルパーティ効果と同じ。自分にとって関心の高い対象だけに、過剰に神経を高ぶらせてしまうわけです。

イジワル脳をやめて、ライバルに差をつけよう！

確かに、ライバルの話をじっくり聞きたい人なんて多くないはず。ライバルというだけで、無条件に「憎い」「負けたくない」という感情に支配されてしまいますものね。

でも、その憎いライバルの話を、どれだけちゃんと聞けるか。自己愛が傷つくこと、例えば、自信をなくしたりすることを恐れずに、いかに長く敵と接することができるか。私は、そこがデキる人間になれるかどうかの分かれ道だと思うのです。

私も、同じ年代の心理学者やカウンセラーと話をするのは、ちょっと腰が引けます。自己愛が脅かされそうな気がするから、正直なところ会いたくない。でも、そこをガマンしてお話しすると、新しい情報が得られるのはもちろん、これまで気がつかなかった考え方が見つかったりする。だから私は、勇気を奮い起こして、できるだけ心理学会やカウンセリングのケース検討会に出席して、自分にとって脅威となる存在の人たちと接するようにしています。

イジワル脳に、いかに対抗するか。伸びる人間になるコツが、そこにあることは間違いありません。それを証明する、こんなデータもありますよ。

営業マンの行動と営業成績の関係性を調べたところ、デキる営業マンほど、同業他社の人と食事に出かけていることがわかったのです。

同業他社の人間とテーブルを囲む、なんて、イジワル脳的には、避けたいことこの上ありません。実際、これを実践できている営業マンは一握りです。彼らは、ランチやディナーの時間を貴重な情報交換の場ととらえ、脳をフル回転させて知識を高め、その他大勢の営業マンたちに差をつけているのです。

多くの人がしたくないことだからこそ、ちょっと勇気を出せば、簡単に一歩リードできてしまいます。イジワル脳に負けない。ケチ脳に負けない。贅沢（ぜいたく）に潤沢に、脳の全部をフル回転させましょう！

合コンで出会った相手とはなぜすぐに別れてしまうのか？
「脱・フォールス・メモリーで人を見抜け！」

彼氏や彼女選び、会社の人事や就職面接…。考えてみると、私たちの生活で「人を選ぶ」ことは、意外と多いもの。

でも、ようやくつきあい始めた恋人とあっけなく別れてしまったり、考えに考え抜いて選んだ新入社員がとんでもないヤツだったり、人を選ぶのってホント、難しい。

人を選ぶ、評価するのって、人生においてけっこう重要な局面だったりするけれど、結果として納得いかないことのほうが多い。そう思いませんか？

それ、気のせいじゃありません。合コンで出会った相手とすぐ別れたり、期待した新人が使えなかったり…それには全部、心理的カラクリが隠されているのです。

その秘密を解き明かす前に。さて、そもそも人は、「いつ」相手を評価するのでしょうか？

はじめまして、と挨拶（あいさつ）を交わした、最初のとき？

これは残念ながら不正解。私たちは会った瞬間の印象を脳にインプット（入力）して、その印象を一定期間キープはします。でもそれには続きがある。後々になって、「そういえばあの人ってどんな人だっけ？」と、それを記憶としてアウトプット（出力）する。ここでようやく「人を見る」という行為が完結するのです。

つまり「インプット→キープ→アウトプット」の三段階を経てようやく、人は「人を見た」ことになるのです。

無理やり思い出すと、記憶はウソをつく

問題は、このアウトプットの段階。

実は、この段階での間違いが非常に多い。これは「**フォールス・メモリー・シンドローム**」（図7）と呼ばれる心理学的事象の一つです。〝フォールス〟とはfalse、日本語にすれば〝偽りの記憶症候群〟といったところでしょうか。

このフォールス・メモリー・シンドローム、アメリカでは、かなり大きな社会問題

［図7］フォールス・メモリー・シンドローム

偽りの記憶症候群のこと。本当の意味での「見た」とは、「見た」瞬間ではなく、「見た」ことが保存され、その保存された「見た」ことが思い出された状態になってはじめて「見た」ことになります。この思い出すときに誤りや偽りが起こるといわれています。

になっています。幼少時の虐待やレイプなどをめぐる裁判で、この「記憶違い」が多発して、身に覚えのないことで訴えられた人たちが、フォールス・メモリー被害者の会まで作っているほど。

そんなにもつらく衝撃的な出来事を間違えるなんて、奇妙な話。でもこのフォールス・メモリー・シンドロームの原因の一つが、彼らを救おうとした心理カウンセリングにある、という意外な説があります。

一時期、カウンセリングで最も主流だった深層心理分析や催眠療法。ドラマなどで見たことありますよね？　カウチベッドに横たわり、目を閉じて、心の傷となっている記憶を次々と呼び起こす、あれです。

でもその催眠療法でよみがえった記憶自体が、実はけっこう間違っている。起きてもいないことを起きたはずだと錯覚したり、絶対に体験したはずのことを思い出さなかったり。

そんな奇妙なことが頻発して、分析中、何がウソで何がホントか混乱してしまうとも。それは、記憶を無理やり思い出させることによって、他の記憶が混じってしまうからだと考えられています。

カウンセリング先進国のアメリカで特に、フォールス・メモリー・シンドロームが多いことからも、この「カウンセリング原因説」は、信憑性が高いのです。

この「催眠療法的カウンセリング」からは、別の大きな問題も生まれています。

人間は、あまりにつらい体験に遭遇すると、

「ひどい目に遭っているのは私じゃない、これは私の問題ではないのだ」

と、脳が勝手に「ひとごと」として処理しようとします。

それは私たちに備わった当然の防衛反応なのですが、その結果、自分とは違う別個の人格、つまり「もう一人の私」を、心の中に作り出すことになる。催眠療法で無理やりつらい過去を思い出させることが、解離性人格障害（多重人格）という精神疾患を誘発する原因になる、とも考えられるのです。

そういう危険性が伴うため、催眠療法などで過去の体験を想起させる分析は、とても難しいもの。かなりの専門的知識と、豊富な症例件数を持った分析医でないと、偽りの記憶ばかりを引き出し、トラブルのもとを作り出してしまうのです。

こうした背景もあって、今や深層心理分析は、少なくとも病院の心療内科や精神科でのカウンセリングにおいては下火傾向。最近では、過去を掘り下げず、むしろ**「今、ここでの自分」にのみ焦点を当て、敢えて過去の分析は行わないカウンセリングが主流**となっています。

ちょっと話がそれましたが、ともあれ、「評価間違い」につながる記憶違いは、「インプット」の際ではなく「アウトプット」の際に起こることが、おわかりいただけたかと思います。

しかも。こうしたアウトプットの失敗は、一人で思い出すときより、複数人で思い出すときが圧倒的に多いので、要注意です。

合コン反省会は一人でやれ

よく女の子たちが、合コン後に反省会兼品定め会をやっていますが、ワイワイ話しながら思い出すああいう場は、フォールス・メモリーの温床です。「あの右端の彼どうだった?」「今どきセカンドバッグとか持ってなかった?」なんて誰かが言おうものなら、「そういえばなんか顔つきもパッとしなかったよね」なんてどんどん話が転がってしまい、最終的にはその場の全員に〝ダサイ男〟と判定されてしまう。実際にはとても素敵な人だったかもしれないのに、もったいない!

もちろん、その逆もあります。誰かが「あの人いいよね!」なんて強く言ったりすると、実物以上に評価してしまったり、ね。

こうしたことは合コン反省会に限らず、いつでも誰にでも起こり得る現象です。なぜなら、**複数人で人を思い出すとき、人の評価を語るときには、どうしても「会話のやりとり」が介在するから**。

こんな有名な実験があります。

車どうしの衝突事故の映像を2グループの被験者たちに見せ、それぞれに衝突した際の時速を当ててもらう。それぞれのグループの条件はまったく同じ、でもただ一つ、質問の言葉だけが少し違っています。

グループAには、

「車が衝突（hit）したときの時速はどれくらいだった？」

と聞き、Bには、

「車が激突（clash）したときの時速はどれくらいだった？」

と聞くのです。AよりBのほうが、言葉としては激しい。

すると、Aグループの人たちは「時速60キロぐらいだった」と答えたのに対し、Bの人たちは「120キロくらい出ていた！」と答えたのです！　まったく同じ映像を見ているのに、なんという違い。

もう一つ、別の実験が。ある家族の一日のビデオを被験者たちに見てもらい、その後、ビデオに関していろいろな質問をしていきます。子どもの名前、父親のヘアスタイル、母親の年齢…。そんな質問の中に一つだけ、トラップ（罠）を仕込みます。

それは、「飼っていた犬はどれくらいの大きさだった？」という質問を、唐突に織り交ぜること。実際は犬なんて飼っていないし、当然ビデオにも登場していません。

普通に考えたらすぐバレそうなものですが、かなり多くの人が、「確か中型犬だったような…」とか答えてしまうのです。…なんてテキトーな。

これらの実験からわかるように、人間の記憶なんて、それを引き出す言葉の違いによってこんなにもたやすく歪んでしまうのです。だから、**複数人で「会話しながら」**

人を思い出すなんて、まさにトラップだらけ！　そりゃ「選び間違い」だって起こりますって。

勘違い、買いかぶり、期待外れ。こうしたことを防ぐには、少なくとも、人と会話しながら思い出したり、相談に乗ってもらいながら考えたりしないこと。

ところが、例えば最初に挙げた会社の就職面接なんて、たいていの場合「皆で相談しながら」人を選んでいくもの。これが、新入社員に「予期せぬ大活躍」より「期待外れ」のほうが圧倒的に多く感じる理由なのです。

だから、合コンの反省会は絶対一人でやること！　フォールス・メモリーにだまされて、間違った男（女）をつかんでしまわないようにね。

火のない所に
煙をモクモク立ててしまうのは「コトバ」
［口ゲンカは、ぜんぶ言語的隠蔽（いんぺい）だった！］

クラスに必ずいた、授業ノートをビシッとまとめているコ。試験前は皆がそのノートを借りに行くことになるわけですが、だからといって、そのノートの持ち主が成績抜群かといったら、必ずしもそうじゃなかったり。

会社の会議でも同じ。うなずきながら一生懸命メモを取っている人に限って、後で話したら、ほとんど何も把握できてなくてビックリ。けっこうよくある話です。

こういうことって、いったいどうしてなのでしょう？

授業中のノートも、会議中のメモも、手を動かしながら考えることって、いかにも理解や記憶が促進されそうな気がしますよね。確かに、公式とか年代、連絡先や今後のスケジュールなど、「客観的事実」は、ぼんやり聞いていては忘れてしまいます。

その場で明確に記録しておくことが不可欠でしょう。

しかし、だからといって、何でも片っ端からメモを取ればいい…そう単純なことではないのです。**その場でメモすること、つまり、「言語化」することで、かえって理解が浅くなってしまうことがある。**

メモ大好きな人が必ずしも優秀でない理由は、ここに隠されています。

「思い」は心であたためて

では、メモすることで、かえって理解の妨げになってしまうのは、どんなことでしょうか。

それは、その場で心に湧いてくる感情や、芽生えた印象、見解といった、個人個人の「主観的」事実についてのメモです。

大学で、いつもカリカリとメモしている学生さんのノートをそっと覗いてみると…必ずと言っていいほど、客観的事実とゴチャ混ぜに、自分の主観もたくさん書き込んでいるものです。

ある女子学生など、「ココ大事！」「試験に出る☆」「ちょっとフシギ⁉」など、自分の中に湧いた感覚や印象を、かわいい絵文字を駆使しながら記し、カラフルなページに作り込んでいます。

本人はいたって真面目(まじめ)にやっているので注意できずにいるのですが…心理学者としては、これはあまりおすすめできません。手を動かすのが忙しくて、話を聞きそびれるから？　いえいえ、理由はそう単純なものではありません。

何より重大な問題となるのは、

「自分の〝感情〟をすぐに言語化してしまうと、心の深い所にある真の感情がわからなくなる」

という、意外な事実。

例えば。「ちょっとフシギ!?」という書き込みをした瞬間には、彼女は講義を聴きながら、心の中で何らかの「違和感」を感じていたはずなのです。それは、単に「フシギ」という浅いレベルの感想で終わらせられないものだったかもしれない。

そのときの違和感をすぐ言語化せずに、敢(あ)えてモヤモヤと心に持ち続けていたら、後日復習をするときになって、もっと心の深部に潜む感情にたどり着けたはずなのです。

もしかしたら、「もっと詳しく知りたかったのに」という物足りなさかもしれないし、「私はこう思うんだけど」という発見かもしれません。「先生の考え方は嫌いだな」という怒りである可能性もあります。

人の気持ちには深いヒダがあります。それを自分できちんと認識するには、一定の時間がかかるものです。湧き起こった感情に対して、瞬時に言葉でラベル付けしてしまうのは、そのヒダを無理やり平らにならす行為。それ以上の成長や深い洞察に、ストップをかけてしまうのです。

ですから、頭に浮かんだことをすぐに言語化して、納得した気になってしまうのは、もったいないことだと思います。**メモを取るときは、客観的事実だけを、できるだけドライに、簡潔に。**箇条書きで羅列するくらいの客観性を保持して。その場での考えや思いなど、「主観的な」ことは、すぐに言葉にしないでください。

言語化することでかえって感覚が鈍くなったり、自分の真の感情がわからなくなってしまう現象を、心理学では「**言語的隠蔽**（verbal over-shadowing）」と呼んでいます。

超一流はノートを持たない!?

この「言語的隠蔽」に関して、とても興味深い研究結果があります。

世界トップクラスのソムリエたちは、どうやってワインの味覚を記憶しているのか。

調べてみると、彼らはワインを飲んだときに浮かんだイメージや感覚、感想を、その場では決して言語化しない、という共通点があったのです。

平均クラスのソムリエが、書き込みだらけの詳細なノートを持っているケースが多いのに対し、彼らはそんなものも持たずに、数百種類に及ぶワインの違いを把握していたのです。

微妙なニュアンスを言葉で表現したり、ましてやそれをメモしたりすると、かえって味と銘柄がマッチしにくくなるというのです。湧き起こったワインへの賛辞は、**言語化して定着させるよりも、モワッとしたまま放置しておいたほうが、後になって正確に思い出せる**のだそうです。

また、絶対音感の研究でも、これと同じような現象が指摘されています。一流の音楽家や作曲家は、「この音はこんな音」「この曲はこんな曲」という言語化を、敢えてしていないといいます。感想を口にすることで、その音楽の本質がわかりづらくなることを、経験的に知っているのでしょう。

湧き起こった感情や感想を、敢えてすぐ言葉にしないほうが、正確な判断ができる。この現象を、特に芸術的な分野のプロフェッショナルたちは、体現しているのです。

一方で、この現象を利用した、「フォーカシング」というカウンセリング手法があります。

例えば、「上司にムカつく！」と繰り返してふさぎ込んでいるクライアントに、「そのムカつくという感情は、本当に正しい感情ですか？」と、カウンセラーが洞察を促す手法です。そして一定期間、感情の言語化をキッパリとやめてもらうのです。

心の中にモヤモヤと湧いてくる生の感覚のことを、フェルトセンス（felt sense）といいますが、何かに悩んでいるときは、そのフェルトセンスを言葉にせず、ただただ感情に身を浸らせ続けたほうが、自分の心の中で起きた出来事を、正しく認識できるようになるからです。

口ゲンカは、虚しい言語的隠蔽のぶつけ合い

さて、ここまでの話から、言語的隠蔽が持つ大きな〝罠〟について、理解していただけたかと思います。心に浮かんだ感情は、すぐには言葉にしないのが吉。時間を置けば、正しい「気持ち」にたどり着ける…はずなのですが、時にはそうも言っていられない事態が訪れます。例えば、誰かと口論してしまったようなとき。そんなノンキなこと言ってられない。勢いに任せて、矢つぎ早に感情をぶつけ合って…。

でも、考えてみてください。ケンカしてカッとなって言ったことって、後から考え

ると「なんであんなこと言っちゃったんだろう?」と首を傾げたくなることばかり。私もかつて、最も尊敬している先輩と口論になり、「先輩がこんなバカだったなんて悲しい!」と叫んで、研究室中をシーンとさせてしまったことがあります。もちろん、本当はそんなこと、微塵も思っていませんでした。そして、そう言ってしまったことを、とっても後悔しました。

頭に来た瞬間に発している言葉なんて、言語的隠蔽のカタマリのようなもの。自分の感情が正しくわからないまま、とにかく「負けたくない」ために言語化しているだけ。そして、それは相手も同じ。

怒りや悲しみに任せて出てきた言葉は、自分の本心とはほとんど無関係のことが多いものです。だから、口論中に「それがあなたの本心だったのね!」などと嘆くのはナンセンス。口論中の言葉など、本心であるわけがありません。自分の感情に瞬時にたどり着き、かつそれを精緻に言語化するなんて、そんな状況下(ケンカ中)では特に、絶対にできっこないのですから。

「火のない所に煙は立たぬ」と言いますが、人の感情に関しては、火がまったくなくても、煙だけモクモクと立ててしまうというわけです。怒りや悲しみで混乱すると、まったく心にないことでも、勢いで言ってしまう。

こういうことは、私もカウンセリングの場でたびたび経験します。

女性クライアントに、「ちょっと、私を誰だと思ってるのよ!」と罵声(ばせい)を浴びせられたこともありますが、そういう言葉は、彼女の本心ではない。おそらく、ドラマや小説のセリフなど、過去に見聞きした言葉が、瞬間的に口をついて出てきているのだと思います。

でも、言語的隠蔽が起きるのは一時のこと。そのときはパニクって自分の気持ちが見えなくても、一晩もたてば冷静に自己観察できるようになります。

頭に血がのぼった勢いで、彼女に「なんだよ、ブス!」とかヒドイこと言っちゃって、翌日、「あれは自分の本当の気持ちじゃなくて…」なんて言っても、なかなか許してもらえませんよ。

ケンカのときほどグッとこらえて、「言葉にしないで」一晩寝かす。その一晩が、言語的隠蔽を避け、より正しい「自分の気持ち」を相手に告げるための、貴重な時間になるのです。

なぜ次男次女は「世渡り上手」なのか？
[デキる人はモデリング学習の達人！]

会う人会う人に「血液型は？」と聞く人ってけっこう多いものですが、それと同じくらい、「お兄さんいるでしょ？」とか「妹がいそう！」とか、兄弟構成を当てたがる人、いますよね。

兄弟型と、本人のパーソナリティには密接な関係がある。誰もがその法則に、何となく気づいているのでしょう。

長男長女や一人っ子は、オットリ。それと対照的に、弟や妹はどちらかというとチャッカリ者。確かに、そんなイメージが広く世の中に浸透しています。そんなの、マユツバっぽいと思いますか？

いえいえ。実はこれ、偏見でもなければ俗説でもないことが、心理学の世界では明らかになってきているのです。

チャッカリ性格はこうして作られる

突然ですが、「学ぶ」という言葉の語源って、「マネぶ」から来ているって、ご存知でしたか？

私たちは生まれた直後から、目にしたものを即座に「マネする」よう、遺伝子にプログラミングされているのです。

最初の「マネぶ」能力を発揮するのは、なんと生後数時間の、まだうっすらとしか目も開いていない新生児。

新生児を抱いて、大人が「ベロベロバ～！」と、思いっきり舌を出してあやし続けると…生まれたてホヤホヤの赤ちゃんは、なんと小さなお口をモゴモゴして、自分も負けじとベロを動かすべく、頑張るのです。

すごいですね。生まれたばかりなのに、すでにマネする機能が備わっているなんて。

これ、「原初模倣」と呼ばれる、人間だけに備わった本能的な性質です。

この「マネぶ」本能は、もちろん、大人になっても一生続きます。他人の動きを綿密に模倣することで、私たちは、新しい技術や能力を効率的に獲得できるわけです。

心理学では、もっと意図的、積極的に他人の動きを模倣することを、特に「モデリング学習」と呼んでいます。**誰かの行いを見てマネして取る。盗む。それこそが、「学び」の基本といえるのです。**

考えてみれば、特に幼い頃の兄弟間では、モデリング学習はそれこそ日常茶飯事に起きていること。次男次女のチャッカリ性格は、モデリング例が豊富な状況の中で徐々に育(はぐく)まれていくのです。

例えば、お兄ちゃんが何かイタズラをして、ママにめちゃくちゃ怒鳴られているとき。次男次女はビクビクしながら、その修羅場を陰からこっそりと観察させられるハメになります。そして、「自分は、お兄ちゃんみたいにヘタをこいて怒られないようにしなきゃ」という処世術を、見て盗むことになる。

つまり、兄や姉がいる人は、その気はなくとも、自然とモデリング学習が進みやすい環境にあるといえます。自分だけはマヌケな失敗をしないよう、常日頃から肝に銘じ、大人の前でうまく振る舞えるようになっていくのです。

幼い頃は特に顕著なのですが、自分自身がダイレクトに叱(しか)られるよりも、目の前で兄弟が怒鳴られているのを見せられる「擬似体験」のほうが、むしろトラウマティックに色濃く記憶に残るものです。

怒鳴られた張本人は翌日になれば意外にケロッと立ち直るけど、その修羅場に出くわしたほうは、いつまで経ってもその恐ろしい光景が頭を離れずに、ハラハラドキドキしているもの。

小さな弟たち妹たちにとって、家庭は24時間がスリル満点のモデリングの場！といって過言ではないのです。そういう生育環境の中で、「人のフリ見て我がフリ直す」が超得意な、チャッカリ性格が形成されていくのです。

兄弟構成はパーソナリティと深い関係がある。これ、やっぱりウソじゃないんです。

学生時代の優等生が、社会では意外に「デキない」ワケ

とはいえ、すべての「学び」にモデリングが有効かというと…そんなことは決してありません。

特に、数学や物理などの教科学習。これはモデリングだけで学び取れるものではありません。天才少年が数学の難題をスラスラ解いている様子を、いくら隣で眺めていても、ちっともできるようにはなりませんよね。デキる人の様子を目を凝らして観察していても、その能力をモデリングで継承できるなんてこと、まずあり得ません。

ということは、いくらモデリング上手のチャッカリ者でも、学校の勉強となると、

そううまくはいかなくなるのです。

教科書に書いてあることは、なんとなく技を盗めるような性質のものではありません。むしろ、具体的な考え方や解法について、教師などから「言語的に」はっきり説明されることによって、初めて習得することができるようなことばかり。

だから、学生時代には、実はモデリング能力はあまり通用しません。

むしろ、参考書を片手に自力でガツガツ頑張るタイプのほうが、やっぱり成績優秀だったりします。そのせいか、長男長女のほうが学業成績がよく、最終学歴も高くなるというデータもあります。

ところが。学校を卒業して社会に出ると、その立場は一気に逆転します！ ある調査によれば、大会社の社長、起業家など、**ビッグビジネスの成功者には、圧倒的に「たくさんの兄姉を持つ末っ子」が多い**、とのこと！

学校で身に着けた学問（＝「学校知」）だけじゃ通用しないのが、社会に出てから学ぶ知識（＝「世間知」）なのです。

学校では、「きちんと説明される」ことが理解を促進しますが、社会に出ると、ガラッと状況が変わります。

上司や先輩の仕事ぶりをよく見て、それを要領よくモデリングする能力のほうが、

圧倒的に重要になるのです。それができないと、なんだか使えないヤツ、デキないヤツ、挙げ句の果てには「KYなヤツ」なんて疎(うと)んじられる危険すらあります。

もうおわかりですよね。実は会社での仕事って、モデリングで習得していくものがほとんど。

営業のセールストーク、プレゼンテクニック、クレーム処理などなど…どれも、「こういうときはこうするべし」なんてノウハウを口で説明されても、キッチリ答えが出るものじゃないし、一朝一夕(いっちょういっせき)に身に着くものではありません。先輩上司の対応や振る舞いを、「見よう見まね」で模倣していくうちに、次第に一人前の仕事がこなせるようになる。

だから、社会に出てからの仕事に関しては、モデリング上手な次男次女、三男三女…のほうが有利というわけ。

学生時代は、自分の力でコツコツ頑張る人が優等生。でも社会に出ると、そういうタイプよりモデリング上手な人のほうが、早く仕事を覚えるもの。学歴の高い人が、社会に出ると意外に「デキない」理由は、こんなところにあるのかもしれません。

「デキる社会人」になりたければ、まずは金魚のフンから

じゃあ長男長女は、社会に出たらもうダメなの!?　いえいえ、もちろんそんなことありません。確かに、生まれたときの兄弟型は変えようがありませんが、肝心なのは世の中に出てからのこと。「下の子」としてのパーソナリティを、社会に出てから上手に身に着けることができればいいのです。

それは、意外と簡単なこと。

とにかく、**モデリングすべき尊敬できる先生や先輩を、（無理にでも）探し出すことが大事です。**さらに、そういう人たちを「兄」や「姉」のように見立てて…思い切って、彼らの「金魚のフン」に徹する勇気。必要なのは、それだけです。

この金魚のフン方式の効果は、侮れませんよ。シンプルながら、それはそれは大きな威力を持つ学習法なのです。

考えてみてください。日本古来の高度な伝統文化など、そのほとんどが、金魚のフン方式によって継承され、スキルアップされてきたものばかりじゃないですか。工芸、華道、雅楽、落語などなど…こうした文化や芸能は、古くから一貫して、「徒弟制度」によって受け継がれています。

新参者の弟子は、まさに金魚のフンのように、朝から晩まで師匠や兄弟子について回ります。そうやって、見よう見まねで芸を盗み、長い年月をかけて師匠の技能を身体に染み込ませ、やがて一人前として巣立っていく。

学校の授業のように、秩序だった「ノウハウ」や「ハウトゥ」をレクチャーするよりも、モデリングによって「芸の空気」をつかませる徒弟制度。そのほうが、より繊細に、かつ正確に、高度な芸の間合いや感性といった「スキル」が伝わるのです。

モデリングでしか学べないことは、伝統文化に限らず、私たちの身近なところにもたくさんあります。

例えば、「料理の作り方」なんて、実はその代表なんじゃないかと思うのです。

私は料理することが大好きですが、分厚いクッキング本を読みあさって、調理の「理屈」を知ったところで、それだけじゃいっこうに腕は上がりません。それよりも、料理学校の先生から片時も離れず手の動きを観察したり、フレンチの一流シェフと（強引に）友達になって、ストーカーのように彼の包丁さばきを覗きに行ったり。

プロフェッショナルな料理人の金魚のフンに徹することで、難しい料理も、比較的短期間でマスターできるものなのです。

それから、私は今こうして本を書いていますが、おそらく「文章の書き方」も、モデリング学習が奏功するジャンルだと思います。最近は、「大人のための作文塾」といったものも増えてきているので、入学して書き方を教わってみるのもいいですが、それよりも、もっとシンプルで簡単に、文章が上手になる方法がある。
それは、「こういう作家になりたい！」と憧れる作家の本を、片っ端から読むこと。しかも、文章を丸暗記してしまうくらい繰り返し繰り返し読む。これも、まぎれもない「金魚のフン」方式です。

先生から書き方をレクチャーされるより、「こんな文章を書きたいな」と思うような、美しく良質な文章に数多く触れる。そうすれば、手っ取り早く表現力がアップするのです。実際に、作文能力がモデリング学習によって大幅に向上するという現象が、小中学生を対象とした実験で何度も実証されています。

よほどの天才なら別ですが、どんなジャンルにせよ、「ゼロ」の状態から自力だけでアイデアを紡ぎ出すのは、十年もそれ以上もかかるものです。社会に出て、「デキるヤツ」「使えるヤツ」と認められるには、次男次女のように、上の人をマネして盗む技術が必要なようです。

自意識やオリジナリティを大事にしながらも、状況によっては、迷いなく金魚のフンに徹し「マネぼう」とする。そんな人は、まさに最強の社会人になれるのです。

三人寄れば文殊の知恵は湧かない［集団的手抜きの恐ろしさ］

会議が始まって2時間…みんな疲れてきたけれど、気づいたら何も決まっていない。結局タイムアップ。続きはまた来週ってことで、解散。

そんな悲しい会議風景、どこの会社にもありますよね。そんなとき、こんなふうに思うでしょ。「こんなにたくさん人がいるのに、どうしていいアイデアが出ないんだろう」。実は、その考え方こそ完全に間違っています！

〝たくさん人がいるのに〟ではなくて、〝たくさん人がいるからこそ〟名案が浮かばない。

人数が増えるほどその集団のパフォーマンスは衰える。にわかには信じられないことですよね。無理もありません。日本には、昔から「三人寄れば文殊の知恵」なんてことわざもあるくらいですから。

人は集団になると、無意識に手抜きする

でも、それを裏付けるこんな実験があるんです。まず一人に拍手をしてもらいます。とにかく一生懸命に。そして、その音量を測定します。その後だんだん人数を増やしていき、それぞれに音量を測る。すると、人数が増えれば増えるほど、一人当たりの音量は減っていくことが判明したのです。**つまり、人は大集団になればなるほど、発揮できる個の力が落ちることが証明されてしまったわけです。**「意識的に手を抜いた人がいるんだろう」と思いますよね。でも、被験者たちには、とにかく一生懸命やってもらうよう強調しているし、彼らの様子も、それはもう全力でパチパチやっている。手抜きしているようには見えないのですが…。

実は、人間は無意識のうちに、集団で自分の力量が評価されにくい状況になると手を抜く習性がある、ということなのです。

何人かで大きな荷物を運ぶときに、自分はあまり力が入ってないんだけどまあいいか、なんてサボったりすること、ありますよね。それを人間は、普段も無意識にやっているわけです。パフォーマンスはガタ落ち、でも本人たちは一生懸命やっているつ

もりで気づかない。そんなズレが、冒頭のムダな会議を生む原因になっているのです。

では大人数の会議は皆、クオリティの低いものになってしまうのでしょうか。集団で取り組むことは、どうやっても生産性を欠く結果になるのでしょうか。

もちろん、そんなことはありません。一定の条件を満たせば、集団としても高いパフォーマンスを発揮できる。その条件とは…**集団のメンバーそれぞれに、役割を自覚させること。**

［図８］　９点問題

この図の９点すべてを、４本の直線で、かつ一筆書きで通るにはどうすればいいでしょうか？

「9点問題」という、心理学では有名なテストがあります。白い紙に等間隔に9つ点が打ってある図（図8）。この図の9点すべてを、4本の直線で、かつ一筆書きで通るにはどうすればいいか、という問題。これを、複数の6人編成チームで、チームごとに解いてもらいます。

解き方は、意外に簡単。図9のように、9点の外まで筆を延ばすこと

［図９］ ９点問題の答え

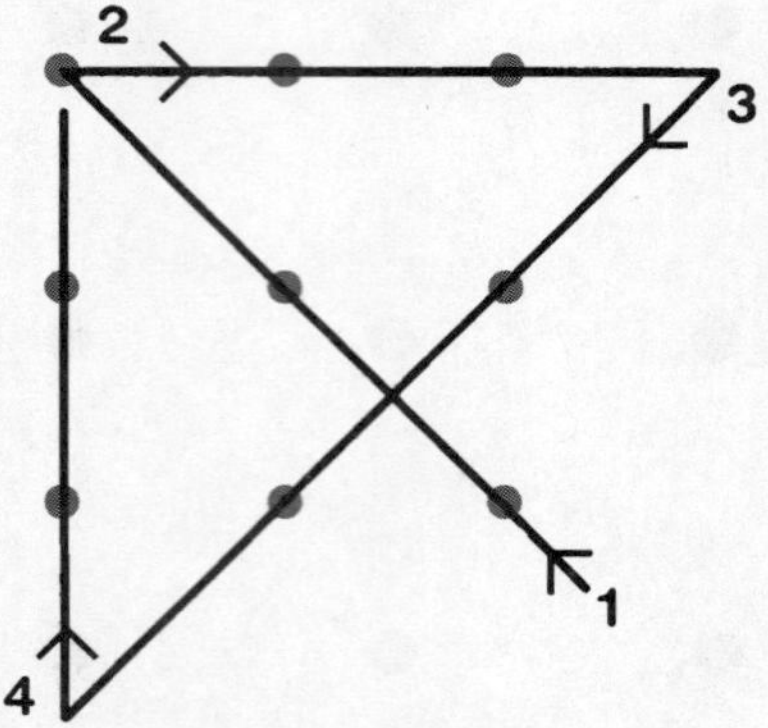

わかってしまえば意外と簡単ですね。「９点の外枠からはみ出してはいけない」と勝手に思い込んでいませんでしたか？

に気がつけば、すぐに解けるのです。誰も9点の外に出ちゃダメとは言ってないのですから。遅かれ早かれ皆解ける問題なのですが、ではどのチームが正解に気づくまでの時間が早く、またどんなチームが遅かったのか、調べてみました。

　いちばん早かったチーム。それは、6人の中に、一人明らかな進行係がいたチームです。

「どこで行き詰まっちゃうんだっけ？」「この方法じゃダメなんだ」「それイケルんじゃない？」

　全体を見て、今どういう状況にあるか俯瞰（ふかん）して声に出し、皆に知らせる。そんな実況中継係がいると、各自が今自分がやるべきこと＝役割を自覚し、どう動けばいいか理解できた。それが勝因でした。

では、どんなチームが最も遅かったか。それは、チームの中に役割がなく、6人横並びで一斉に考えたチームでした。皆が同じステージで作業することによって、先ほどの「集団的手抜き」現象が顕著に出てしまったのです。

この結果からも、**集団には仕切り役を置いて、それぞれの人に役割を意識させたほうが高いパフォーマンスを発揮する**、ということがおわかりいただけたと思います。

会議をテキパキ進める、二つの秘訣(ひけつ)

会議で起こりがちな、「集団的手抜き」。ダラダラ会議を避ける方法、つまり、「集団的手抜き」を起こさない方法が、もう一つあります。それは…その場で考えないこと。どういうことかというと…。

小学生の理科の授業をモチーフにした、こんな実験がありました。同じ内容を、授業形式を変えて学ばせる、というものです。一つは集団討論、もう一つは、各自勉強成果を持ち寄って発表する。両者の学習達成度を調べると、圧倒的に、発表型のほうが理解が深かったのです。

皆でディスカッションなんて、一見有効な気がしてしまいますが、皆で考えるということは、個々が考察する力や批判する力を抑えつけてしまうのです。それよりも、

［図10］集団的同調実験

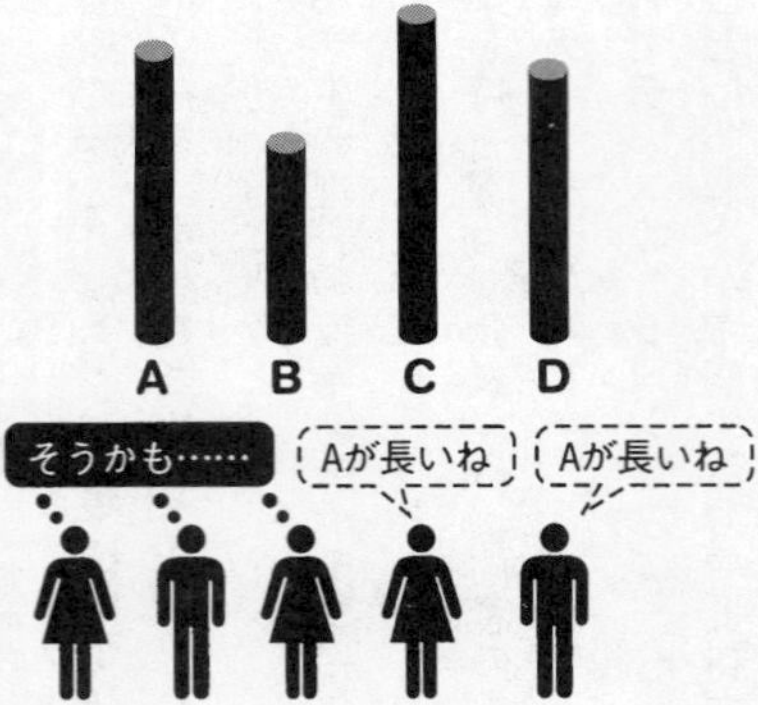

AからDまで長さの違う棒があります。いちばん長い棒は明らかにCですが、誰かが「Aがいちばん長い」と主張し続けると、「そうかもしれない」と思い始める人が出てくるから不思議です。

それぞれが自分一人で勉強したこと、考えたことを集団に持ち寄ったほうがいい。

こんなデータもあります。ここに、AからDまで長さの違う棒があります（集団的同調実験図10）。実際は、明らかにCが長い。誰が見ても間違いなく長いですよね。でもそこに、数人のサクラを入れAがいちばん長いと言わせると、なんと、皆「そうかも…」なんて思い始めて、Aが最も長いと答える人が続出してしまうのです！

人間が集団になると、どれだけ脳ミソを使わなくなってしまうか、いよいよおわかりいただけたかと思います。これ、あなただって例外じゃないんですよ。無意識ですけど。

さて、ではここまでの話をまとめて、会議をテキパキ進めるルールを作ってみましよう。大事なのは、たった二つ。

1. あらかじめそれぞれが考えた意見を持ち寄って会議すべし！
2. その会議は進行役に仕切らせるべし！

この二つを守れば、会議はあっという間に結論が出て終了。ハイ、お疲れ様でした！

第3章　人をコントロールする心理術

思いどおりに人を育てる
超カンタン人心コントロール術
調教上手はアメとムチ、ではなくアメと「ムシ」

入社して何年も経つのに、企画書ひとつまとめられない、ふがいない部下。向上心もなさそう。あなたの周りに、そんな「困ったチャン」がいたとします。そんな彼（彼女）が、またしても大失敗！　さあ、あなたはどう対応しますか？

「とりあえず叱りつける！」っていう人、実際には、かなり多いと思います。確かに短いスパンでみたら、「叱る」「怒る」は、それなりに効果的。翌日くらいまでは彼（彼女）も緊張して、失敗しないかもしれません。

ただ、それっていわば、動物が突然の轟音にびっくりして、フリーズしてしまったようなもの。ちょっと時間がたてば「困ったチャン」のフリーズは解け、結局怒られたというイヤな感情だけが残って、また同じような失敗を繰り返してしまうでしょう。

よく「人を育てるにはアメとムチ」なんて言うけれど、本当に効果的なムチ＝罰を与えることって、実はものすごく難しいこと。叱る、怒る、そのほとんどは、ただ痛いだけのムチ、単なる罰になっちゃうことが多いのです。

そいつが大嫌いで、とにかく一言言ってやらないと気がすまない、って場合ならともかく、**相手に「本当に成長してほしい」と思っているのであれば、叱るのはあまり効果的ではありません。**

では、本当に効果的なアメとムチって、どんなものでしょうか。

おりこうさんは、アメとムチでなくアメとムシで育つ

マウスを使った「アメとムチ」実験で、こんな有名なものがあります（図11）。

用意されたのは3匹のマウスと、シンプルなT字の迷路。T字路のTの下の部分にマウスを入れ、どのマウスがいちばん早くTの縦棒を進み、左に曲がることを覚えるか、というものです。設定されたそれぞれの条件は、次のようなもの。

A：左にエサ（＝アメ）、右には電気ショック（＝ムチ）

B：左には何も置かず、右には電気ショック（＝ムチ）

C：左にエサ（＝アメ）、右には何も置かない

普通に考えたら、「A」がいちばん効果的のような気がしますよね。「アメとムチ」理論にのっとって考えれば、絶対にAです。ところが、何度繰り返し実験しても、いちばん効果的なのは、なんと「C」の条件なのです！

成功すればアメが用意されているけれど、失敗しても何も起こらない、いわば、「アメとムシ（無視）」条件にあるマウス。アメだけを与えられた彼らが、もっとも早く、左に曲がるおりこうマウスになったというわけです。

一方で、「A」と「B」のマウスはどうなったと思いますか？　実は、「アメとムチ」を与えられたマウスも、「ムチだけ」与えられたマウスも、実験を繰り返すうち、極度のストレスで微動だにしなくなってしまったのです！

下手に動けば電気ショックを受ける。そのことで萎縮し、試行錯誤すること、トライすること自体をやめてしまったというわけ。実は、実験後の解剖で、「A」と「B」どちらのマウスにも胃潰瘍ができていることが判明しました。アメの効果なんて吹き飛んでしまう、恐るべきムチの恐怖…。

［図11］「アメとムチ」実験

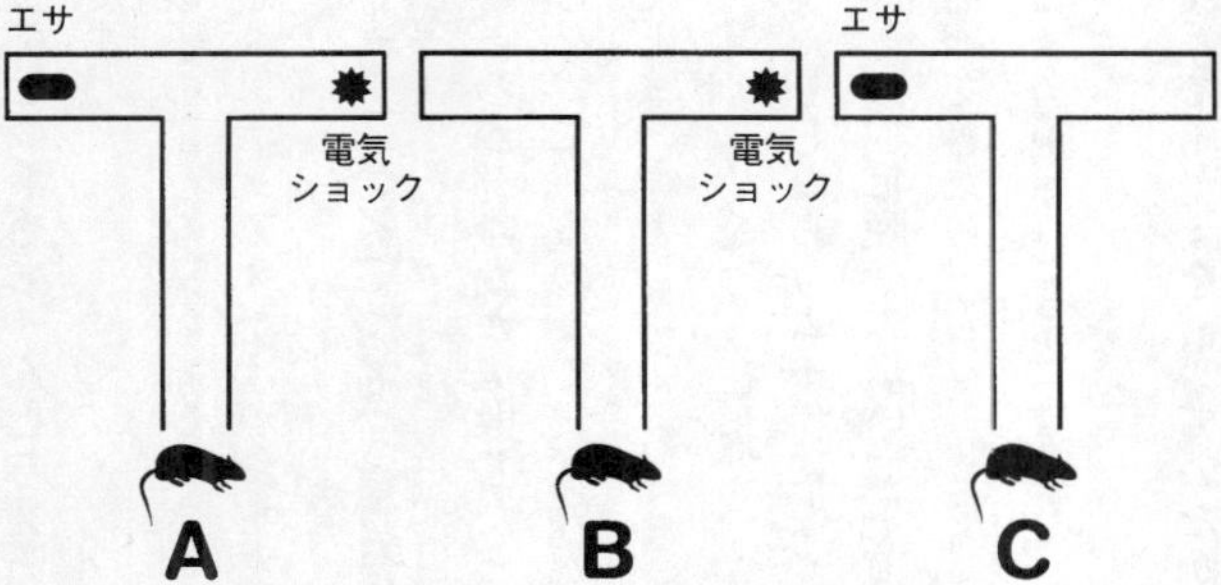

「A、B、Cの3匹のマウスのうち、どのマウスがいちばん早くT字路の左の方に進むか」という実験です。エサはアメ、電気ショックはムチと考えます。答えはC。意外ですね。

これで、教育に効果的なのは、「アメとムチ」ではなく「アメとムシ（つまりアメだけ）」、ということを感じていただけたかと思います。

失敗したとき電気ショックを受ける、あるいは叱られる、ということは、クイズの答えが不正解だったときに「ブー。外れ！」って言われるだけなのと同じ。次にどうしたらいいのか、修正するヒントがない。「ムチ」って、ものすごく情報量が少ないのです。

もちろん、スパルタ教育というような、叱って育てる方法があるのも事実。でもよく考えてみてください。あれは叱ることで深い愛情を伝えるという、広い意味でのアメなのです。**ただ叱り飛ばすのではなく、**

成長のヒントもちゃんと与えるように。そんな熟練の技を必要とする、超上級テクなのです。

親子のような深い結びつきがある場合を除いて、人を育てるには、あくまでも「アメとムシ」＝アメだけがおすすめ。

でも「ムシ」って、意外に難しい⁉

ところが。誰かが失敗したとき、許せないと思ったときに、ちゃんと「ムシ」して怒らないでいるのって、案外難しいものなんですよね。感情に任せて、ついカッとなってしまったり。

でも、「アメとムシ」こそ人を成長させると知ったあなた、そこはガマンですよ！　怒ったりしたら「ムチ」になってしまうのですから。

例えば、毎晩飲み歩いて午前様続きのダンナがいるとします。今まであなたは、彼が帰ってきたら、

「こんな時間までどこをほっつき歩いていたの？　たまには早く帰ってきたらどう？」

なんてイヤミを言っていたかも。でもそれでは、ダンナにしてみればガミガミうる

さいなっていう、小さなムチ。結局翌日も同じことを繰り返します。

「アメとムシ」方式なら、ここはひとつガマン、敢(あ)えて何も言わないこと。そして来る日も来る日もとにかく知らん顔して、じっと見守るのです。

そして彼が珍しく早く帰ってきた日。ここでようやく、思い切りほめまくる！

「早く帰ってきてくれてありがとう。一緒に夕飯が食べられるのって、本当に嬉(うれ)しい♪」

とかなんとか、相手が照れるくらいの勢いでアメの連打！　といきたいところです。

会社だってもちろん同じ。ふがいない部下に、いつもイライラして怒鳴っていませんか？　**今度失敗したときは、小言でムチを与えるのではなく、例えば、「君には期待しているんだよ」なんて、あえてアメみたいな一言をかけてあげてください。**

そうすれば、彼（彼女）は自分が大切にされていることを実感し、今度こそはと頑張ってくれるはず。そして成功したら、「おめでとう！　よくやったね」と思い切りほめてあげてください。

いかがでしょう。思い通りに相手をコントロールできちゃう、「アメとムシ」テクニック。

感情をあらわにできない分、多少のガマンは必要です。でも、デキる部下を育てたり、相手の力を１００％発揮させたりするには、効果テキメン。だまされたと思って、一度トライしてみてください。

カリスマホストもひそかに実践！
「アメとムシ、ときどきアメ抜き」テクニック
［間欠強化でマインドコントロール!?］

人の心を引きつけ、自分の思いどおりに育てるには、アメとムチならぬ「アメとムシ」。今度は、このテクニックをさらに発展させ、もはやマインドコントロールとさえいえるレベルで使えちゃう!? 心理学のお話。スゴイでしょ。

では、それをお教えする前に、簡単に「アメとムシ」のおさらいを。

3つのT字路にそれぞれネズミを入れ、3匹のうちどのネズミがより早く左に曲がることを覚えるか、という実験をしました。設定された条件は、それぞれ次のようでしたね。

A：左にエサ（＝アメ）、右には電気ショック（＝ムチ）

B：左には何も置かず、右には電気ショック（＝ムチ）

C：左にエサ（＝アメ）、右には何も置かない

結果、最も早く左に曲がることを覚えたのは、Cの、正解したらアメをもらえ間違えてもムチのない、「アメとムシ」のネズミでした。

Aにしろ Bにしろ、ムチ＝罰があるとトライすること自体を怖がり、まったく動かなくなってしまったのです。人間に対しても、失敗したときは敢えてムシ（怒ったりしてはいけません！）、成功したら思い切りほめる。

これが、人心コントロール術「アメとムシ」、でしたよね。

でも実は、さらに効果倍増の必殺テクニックがあるんです。それがこれから紹介する、「ときどきアメ抜き」テクニック。心理学用語で**「間欠強化」**と呼ばれる状況を、意図的に作り出す方法です。

失敗してもムチを与えずムシするところは同じなのですが、**成功したときに毎回アメ＝ごほうびを必ずあげるのではなく、敢えてときどき抜く**。すると、相手はよけいに頑張って、あなたのためにもっともっと努力するようになるのです！

実は、そのアメを抜く頻度が、とても重要です。データによると、**およそ5回に1**

回の割合でアメを抜くのがベスト（図12）。これって要するに、だいたいうまくいくけれど、たまにままならないときがある、みたいな頻度です。

5回に1回という頻度は、心理学的に言うと、人がその対象に最も注意を引き寄せられる数値。そういう頻度で「いつもはもらえるアメがもらえない」ことによって、逆にその対象に夢中になってしまう、というワケです。

［図12］ 5回に1回の法則

成功したときに相手に毎回アメ＝ごほうびを必ずあげるのではなく、敢えてときどきアメを抜く。ただし抜く頻度が大切。およそ5回に1回の割合でアメを抜くのがベストといわれています。「いつもはもらえるアメがもらえない」ことによって相手の注意と興味を最大限に引き出すことができます。つまり「夢中にさせる」のです。

通勤電車での恋は「ときどきアメ抜き」で始まる

例えば、毎朝、通勤・通学電車で見かける人が、たまにいつもの電車で姿が見えないとなんだか気になる、ってことありませんか？　学生の頃は、それをきっかけにその子のことを意識するようになった、なんてこともあったかも。そんな数値を調べてみると、これがだいたい5回に1回くらいだったりします。

この数値で心を乱されるのは、思春期の学生さんばかりではありません。なんと…ストーカーを呼びよせてしまうのも、この数値なのではないかと、私は考えています。ストーカーにつきまとわれやすい、という女性たちからは、ある共通した印象を受けます。**愛想がいいけれどやや気まぐれ**、といった感じでしょうか。男性からの誘いにはだいたい応じるけれど、たまに「今日はダメ」と、一方的に断る。

つまり、彼女たちはこの「5回に1回」を、ナチュラルに実践してしまっているのです。愛情表現する、というアメを、5回に1回程度「おあずけにする」ことで、男性の心を燃え上がらせ、ストーカーにしてしまう、というワケ。

知ってか知らずか、これを日々の仕事に生かしている人たちがいます。彼らの名は、カリスマホスト。

客の女性たちが、高級時計や外車（！）を貢げば、いつもは優しくしてくれる。でもときどき、なぜかそっけない。店に行けばいつも楽しく盛り上げてくれるのに、今日は他のテーブルにつきっきりで、こっちを見てもくれない…素敵だけど、どこかまならない。

そんなホストたちが、「でもそこがまたいいのよね」と女性に言わせてしまう秘訣は、この「間欠強化」にあるようです。

さらに、この「間欠強化」テクニックを究極の形で実践しているのが、カルト教団などと呼ばれる過激系新興宗教。その実態をテレビ番組で目にすることもありますが、それを見ても、ほとんどの人は「どうしてそんなにのめり込んでしまうんだろう」と首を傾げたくなるでしょう。

部外者には到底理解できない、宗教にハマる理由。ポイントの一つは、独特のお布施システムにあるのではないかと思われます。

〝徳〟を積むためだったり、教祖に〝お言葉〟をいただくためだったり…信者はせっせと教団にお布施します。お布施をすれば、教団から例えば〝位〟のような、何か「ごほうび」がもらえる。

ところが、ときどき教団は、彼らに「お布施が足りない」と言っておあずけをします。すると、信者はさらにムキになって、これまで以上にお布施を頑張ってしまう。これこそ、「ときどきアメ抜き」によるマインドコントロールの典型なのです。

魅力的だと思われるのに実力は要らない!?

前にお話ししたように、人間は、すべてを自分でコントロールしたい、という気持ちが絶対的に強い動物です。

それを邪魔しようとする存在があると、負けてなるものかと、ついつい頑張っちゃう。つまり、相手の「自己コントロール欲」をくすぐって夢中にさせるテクニック、それが「間欠強化」というわけです。

間欠強化が持つパワーは、なかなかに強力です。これを日々の生活にさりげなく取り入れるだけで、あなたは人から見たときかなり魅力的な人間になれるはず。

使い方は、とっても簡単。

彼や彼女からかかってきた電話に5回に1回出ないとか、デートの誘いを5回に1回断るとか、それだけで、相手の心はかなりザワメクはず。

毎回誘いに応じてくれる人よりたまに断る人のほうが、圧倒的に魅力的なのです（魅力自体をアップさせる必要なんてないのです…）。ただし、パーフェクトに実践しすぎるとストーカーにつきまとわれるほどの強力効果なので!?　ご注意くださいね。

会議も相談も思うがまま
コントロールするにはここに座れ！
「スティンザー効果で魔法の仕切り術」

会社で「デキる」と評判のあの人。企画提案すれば会議をスイスイ通り、商談すればアッサリ話がまとまる。

言っている内容はそれほど変わらないのに、あの人と私が話すのでは、話のまとまり方が全然違う、そんなふうに感じたことはありませんか？

あなたとその人では、どうやら会議での決定力、つまり説得力が違う。じゃあ説得力のある人は、いったい何が違うのか。

心理学でも、それは長年の疑問でした。一つの意見にまとまる会議と、まとまらない会議。その違いは何か。多くの会議を観察し続けたアメリカの心理学者スティンザーは、一つの結論に達しました。

「会議の成否を決めるもの、それは座る位置だ！」

会議で意見をうまくまとめられるか否(いな)かは、座る位置にかかっている!?

にわかには信じられない話ですよね。でも本当だったんです。いかにロジックが優れていても、座る場所を間違えたら、あなたの意見は通りにくくなってしまうのです。

真正面か、隣どうしか、それが問題だ

心理学的に実証された「スティンザー効果」（図13）。それを簡単に説明すると…。

1. 向かい合った人どうしは、相手の発言に反論しやすい。

2. 隣に座った人どうしは、同調しやすい。

なかなか明解でしょ。もう少し詳しく話しますね。

まず一つめ。正面に座っている人とは、当然ながら視線がぶつかる。そうすると相手は、「コイツより何かいいことを言ってやろう」という、よけいな対抗心が沸き上がるのです。〝真っ向勝負〟とはよく言ったもの。必要もないのに反論するヤツが出てきて、たちまち会議は炎上、自分の意見は通らない。

ただ逆に言えば、真正面さえつぶせば大丈夫。あなたと同意見の「味方」を真正面に座らせておけば、会議は面白いほどスムーズに進むはずです。向かい合う二人の間で意見がまとまっていると、周りは反論できないものなのです。

そして二つめ。当たり前のことですが、隣の人とは圧倒的に目が合いづらい。相手の表情をあまり見ず、話だけに集中するほうが、素直に意見が聞ける。そういうわけで、隣どうしは極めて同調しやすい位置関係なのです。

これらをまとめると、自分の意見を通すための「会議必勝法」は、この二つです。

1. 真っ向勝負になる真正面には、同じ意見の「味方」を配置。

2. 意見の異なる相手は、その隣に座って同調ポジションを。

もちろん、この「スティンザー効果」は、日常生活でもかなり役立ちます。正面に対立する相手を座らせるのは、「意見をまとめたい」会議ではタブーでしたが、逆手に取れば、実に便利な場合も。それは、相手の申し出を何としても断りたいとき。相手の真正面に座れば、なぜかハッキリ断りやすくなるし、向こうにうやむやにされることもありません。

そんな「スティンザー効果」をよく知っている街頭のキャッチセールスは、通行人に横から声をかけるのが流儀になっています。言われてみれば、キャッチセールスって横に並ぶでしょ？　あれ、同調ポジションを取って断りづらくしているわけです。そんなときは、ちゃんと正面に向き直って、NO！　とハッキリ言ってやりましょう！

真っ向勝負か同調か。会議や商談は、この二つの座り位置を知っていれば、たいてい大丈夫。

でも、人と人が話すとき、何でも白黒つければいいってものでもない。例えば、相談するとき、あるいは、親身になって話を聞いてあげるとき。そんなときのベストポジションは、いったいどこなのでしょうか。

あの人は、魔法のポジションを知っている⁉

理想的な「相談」ポジション、それはズバリ90度の位置。すなわち、お互いに相手に対して直角の位置に座ることです。

この位置取りのメリットは、相手の目を見ることもできるし、外すこともできること。視線の自由度が高い。そうすると、人間の快適度はアップします。

［図13］スティンザー効果

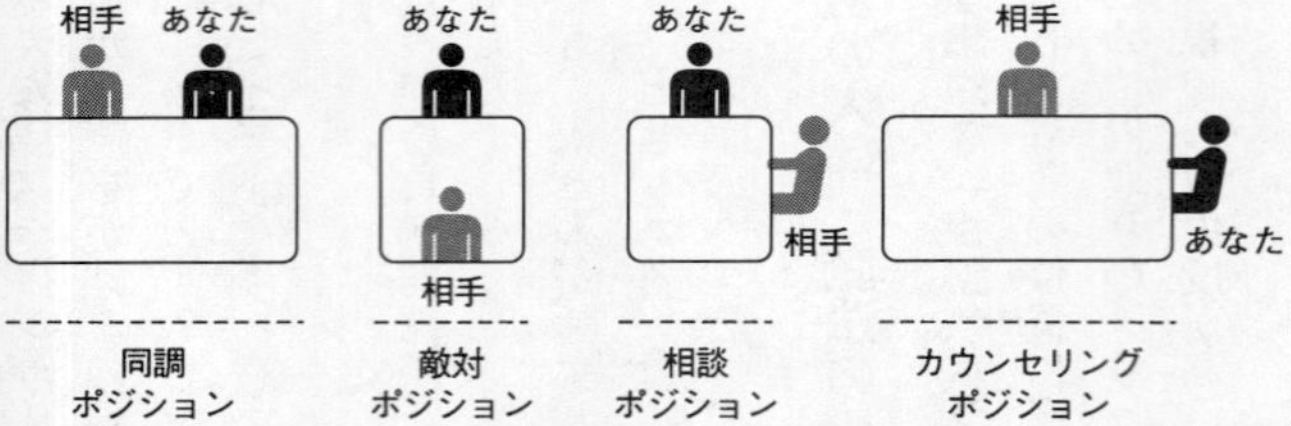

会議必勝法はスティンザー効果を有効に使うこと。会議をスムーズに進めるためには、同じ意見の「味方」は自分の正面に座らせ、違う意見の「敵」は自分の隣に座らせるのがベストです。

さらに、手を伸ばせば触れられる程度の距離感。真正面では遠すぎるし、隣では近すぎるけれど、90度なら、ポンと肩を叩（たた）こうと思えばできる。そんな適度な距離感が、相談ごとにベストなのです。

さらに一歩進んで、自分がその相談の場をリードしたい、あるいは、話が長引かないようにコントロールしたい。そんなときには、もう一つ別のテクニックがあります。

長方形のテーブルの短い一辺にあなたが座り、直角に位置する長い一辺に相手を座らせる。

この座り位置、またの名を「カウンセリング・ポジション」といいます。短い辺の側からは、長い辺に座る相手の様子が、より見えやすい。私自身も、クライアントをカウンセリングに迎えるときは、この位置取りを必ず確認します。どこがその位置に当たるかを、あらかじめ考えてから座るのです。

もし逆に、クライアントを短い辺の席に座らせるとどうなるかというと…話がとっても長引きやすくなります。決められた時間内で成果を出さなくてはならないカウンセリングには、ポジショニングは想像以上に重要なのです。

平日の昼下がりの、ルールルッ♪ってあの長寿トーク番組、思い出してみてください。名物司会者の圧倒的な？ 会話コントロール、揺るぎない進行。そんな彼女の座っている位置が、まさにこの「カウンセリング・ポジション」。あの〝部屋〟が常にゲストを盛り上げ、しかも時間内にキッチリ収め、これほどまで長寿番組になり得たのも、座り位置の力あればこそ⁉ なのかもね。

「ズバリ言うわよ」と言われたことは
なぜ感動するほど当たっているのか？
「フォアラー効果で占い師になれる!?」

占い師が、有名人ゲストの人生を「ズバリ言う」番組、ちょっと前に、大人気でしたよね。

ズバリ言われたゲストは皆、「当たってます！」と驚き、なかには、「こんなにわかってもらえるなんて…」と、泣きだす人もいたりして。聞いていると、かなり失礼なことばかり言われているのに、なぜか皆嬉しそうだし。

こんな状況を、テレビ的演出でしょ、と言ってしまうのは簡単ですが、実はこれが、そうとも言い切れない。この番組、心理学的に見ると、とっても興味深いテレビ番組だったのです。

ではなぜ、占い師の指摘は、誰にとっても「スゴク当たって」いて、それに「涙を流すほど感激」するのでしょうか。そこには、二つの大きな衝撃的？　秘密が隠されています。

衝撃的秘密、その1。

あの場合、そもそもゲストは、「ある程度のところを指摘されれば（それがドンピシャじゃなくても）」、涙を流すほど感激します。

というのも、**「人は、自分のことを言い当てられたい生き物である」**から。

人は常に、自分の「アイデンティティ」を探して生きています。これは、本能と言っていいほど、人間に強く備わった性質です。

要するに、**人は皆、自分が何者なのかをはっきりさせたいと思って生きているのです**。だから、自分のキャラクターを外から指摘されるのには、けっこう弱い。人気に左右されながら、自らのアイデンティティを人一倍模索して生きている「芸能人」なら、なおのことでしょう。

最近の若い人たちは、恋愛関係において、「あなたって優しい人ね」とか「君って繊細なんだね」とか、**互いにキャラクターを言い合う、確認し合うような関係性**が増えているのですが、これももとを正せば自分のアイデンティティを確立したいがため。

相手へ真の愛情を注ぐ恋愛関係とは微妙に異なるこういう恋愛を、「アイデンティティのための恋愛」と呼ぶ心理学者もいます。

そして、こういったキャラクターについての「外からの指摘」は、それがたとえ適当な当てずっぽうだったとしても、「断言」されると、信じてしまう。アイデンティティを探し求めている私たちは、安心して、その「断言」に身をゆだねてしまうからです。

断言されると、人は悪魔にもなれる

アイデンティティについての「断言」が、人の心にどんな影響を与えるのか。アメリカの心理学者ジンバルドが行った「監獄実験」では、恐ろしい人間の一面を見ることができます。

模型の監獄を作り、そこに被験者を入れます。そして、「あなたは看守、あなたは囚人」と、それぞれの役割を命じて（つまり、アイデンティティを断言して）、そのまま数日間生活してもらいます。ただし、それは形ばかりのものではなく、かなりリアルな監獄生活。

そんななかで、看守役はどんどん威圧的・暴力的になり、耐えかねた囚人役が実験の中止を訴えますが、看守役の暴力は、エスカレートするばかり。「あなたは看守ですよ」と、単純なアイデンティティを与えられるだけで、人は残酷に振る舞えてしまうのです。

もう一つ、怖い話を。

ナチスドイツがなぜあれほどまでに残虐だったのかを解き明かす実験が、アメリカの心理学者ミルグラムによって行われました。名づけて、「服従実験」。

「記憶に関する実験」と偽って集められた被験者たちは、無作為にペアを組まされます。そして、その一方の人に、記憶力を試すための手段として、「相手に電気ショックを与えてくれ。様々なデータが欲しいので、電気ショックの大きさはそれぞれに任せる」と告げます。

すると。なんと被験者の65％もの人が、相手に最大値の電気ショックを与えたのです！　相手の苦痛の叫び声を聞きながらも、

「自分にはいっさい責任がない。電気ショックを与えるのが、自分の役割なのだ」

とのアイデンティティを確立した、というわけです。

この実験からわかったのは、ナチスドイツによる悲劇が、ドイツ人の気質によって引き起こされたものではなく、ナチスによって洗脳的に与えられた「使命」によって

起きたのだ、どこの国でも起こり得た悲劇だ、ということ。

背筋の凍るような話ですが、「ユダヤ人を絶滅させるのが我々の務めだ」というアイデンティティを与えられれば、人間は比較的容易に、そこに身をゆだねてしまう生き物なのです。

これらの実験は、どちらも「役割」という、かなりシンプルなアイデンティティに関するケースですが、それでも、**人間は、あなたはこういう人です、と、「外から断言される」ことを、実は待ち望んでいる**ということが、わかっていただけたかと思います。

話を戻して、例の「ズバリ言う」番組。出演しているゲストは、離婚直後だったり、激しい人気の浮き沈みを経験していたりする芸能人が選ばれていました。

そういった、特にアイデンティティを模索している人たちが、誰かに（外から）自信満々に、「あなたはこんな人だね」と「ズバリ言われる」ことを待ち望んでいるのは、実はごく当たり前のこと。

ズバリ言われて涙を流すほど感激するのも、少しも不思議なことではないのです。

「二面性提示」をすれば、誰でもズバリ言えてしまう

では次に、かの番組で、占い師の言うことが、すべてのゲストにとって「スゴク当たっている」ことなのはなぜでしょう？　ここからが、衝撃的秘密、その2。

実は、ちょっとした心理テクニックを知っていれば、あなたも相手を感激させるほど、その相手のことを言い当てられるのです！

そのテクニックとは、「**二面性提示**」という方法。

こんな実験がありました。大学生を集め、彼らそれぞれに、「あなたはこんな人ですね」と、テキトーに指摘します。次に、同じ学生たちに、これまたテキトーに、「あなたはこんな面があるけれど、反面、こんな面も持ち合わせていますね」と言ってみるのです。

すると、どちらも根拠なくテキトーに言ったことにもかかわらず、一面的に言われたときよりも、二面的に言われたときの学生の反応は、はるかに強いものに。ほとんどの人が、「すごく当たっている！」と感動したのです。これこそが、「二面性提示」。

これは、「**自らの性格については、誰にでも当てはまるような曖昧（あいまい）な指摘ほど当たっていると思ってしまう**」、という現象を利用したものです。

この現象は、アメリカの心理学者バートラム・フォアの名前を取って、「フォアラー効果」と呼ばれているものですが、だからこそ、**一面的な提示ではなく、相反する**

［図14］「当たる」占い師効果

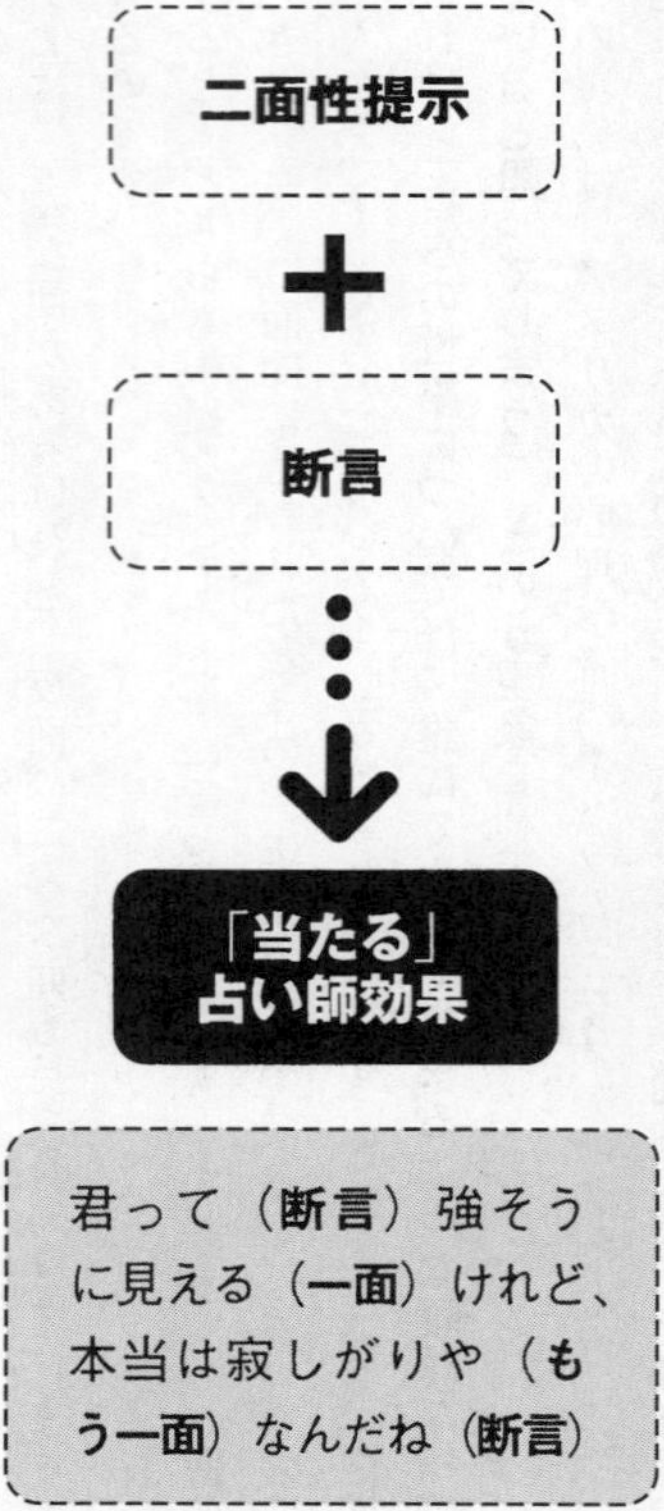
二面性提示
＋
断言
「当たる」
占い師効果
君って（断言）強そうに見える（一面）けれど、本当は寂しがりや（もう一面）なんだね（断言）

「二面性提示」と「ズバリ断言」を組み合わせれば、相手は「私のことわかってくれている！」と感激すること、間違いなし。悪いことに使わないようにしてください。

二面的な提示にして、当てはまる範囲を広げ、より曖昧にすることが効果的。

「ズバリ言う」番組のこと、思い返してみると…？

「あなたは世間的には遊び人だって言われてるけど、本当は親思いの温かい人なんだよね」

「とっても華やかに生きているようだけど、実は孤独なのよ」

なんて言われて、ゲストは涙、涙。よく考えると、どれも芸能人の半分以上に当てはまりそうな指摘ですが、本人は、「なんて私のことわかってくれてるんだ…」とばかりに、グッと来ちゃうようです。

このテクニックを使えば、占い師じゃない私たちも、相手を感激させることができます。

「君って強そうに見えるけれど、本当は寂しがりやなんだね」

なんて言われると、ドキッ！　としちゃう女性も多いはず。

何でもいいから（？）、とにかく相反するキャラクターを二つ提示することで、相手はあなたのことを、「私のことわかってくれる！」と感激してくれます。ハートをつかみたい異性がいたら、ぜひ試してみてくださいね。

そもそもアイデンティティを指摘されたい人たちに、二面性提示を、断言調で言ってあげる（図14）。あの番組で、ゲストが占い師の言うことに涙を流して感激するのには、他でもない、こんなカラクリがあったのだと、私は確信しています。

一度人気が落ちた芸能人が復活する㊙テクニック
［アンダードッグ効果で大逆転しよう］

雑誌の表紙に踊る、「この春、ピンクが流行の予感！」といったコピー。ほどなくデパートでピンクの服が売れ、やがて街は、ピンクを着た子であふれかえる…。

毎年繰り返されるこんな現象、心理学的に言っても、当たり前のことです。というのも、**人間はあるモノが流行する、している、あるいは人気があると宣言されると、ついついそれに乗ってしまう、素直な生き物なのです。**

これを、**「バンドワゴン効果」**といいます。バンドワゴンというのは、パレードの先頭の、楽隊が乗った車のこと。誰かが先頭に立って、「今からお祭りが始まるよ！」と騒ぐと、皆それに注目して、パレードについていってしまうというわけ。

実際、ブランドや芸能人など、多くの流行の仕掛け方は、このバンドワゴン方式。「ハリウッドセレブに大流行の××のバッグ！」なんて言葉は女性誌に必ずあるし、テレビ番組でお笑い芸人を紹介するとき、「今、女子高生に大人気のこのコンビ！」みたいなセリフも、とってもよく聞きますよね。

政治の世界でも、内閣支持率が10ポイントも上昇、なんてニュースが報じられると、次の調査では、さらに支持率が上がったりします。

このバンドワゴン効果を使えば、人気モノを作るのは、比較的易しいようです。でも、問題はその後。その人気をキープするとなると、これが非常に難しいのです。

心理学的に考えると、難しい理由は、大きく二つ。

一つは、人の関心事には、常に賞味期限があるから。その賞味期限が、シロクマ実験のページでもご紹介した、「忘却曲線」です。

要するに、**ある対象に向けられた人の好奇心は、時間を追うごとにいったん強くなっていくのですが、それは半年後がピーク**。その後は、急激に興味が衰えてしまう、ということ。アイドルに対する熱狂も、失恋の深い傷も、フレッシュ？　なのは半年まで。放っておけば、どんな気持ちも、半年経(た)てば一気にトーンダウンするのです。

人気モノの人気が長くは続かないもう一つの理由、それは、「**皆が好きなモノに対**

しては、何だか気持ちが冷めてしまう」という、おかしな心理。マイナーなときは大好きだったバンドが、売れてメジャーになったら急に気持ちが冷めた、なんていう、あれです。

こんなアマノジャクな気持ちが人気の足を引っ張ってしまうことを、心理学では**「スノッブ現象」**といいます。スノッブとは、「見栄(みえ)っ張り、気取り屋」といった意味です。

人気モノでいるためには、負け犬になれ

では、人気モノがその人気を長く保ち続けるには、どうしたらいいのでしょう？

実際、トップクラスの人気を長く保っている芸能人も、一握りですが存在します。彼らの場合を考えてみると、常に半年置かず、ドラマだ、映画だ、ＣＭだ、新曲だと、次々と新しい「バンドワゴン」を発車させています。もちろん、前提として、圧倒的な実力があるのでしょう。

とはいっても、誰もがひっきりなしに豪華なバンドワゴンをブチ上げているわけではありませんよね。芸能人には、「なぜか人気がある」タイプもいます。

私が見るところ、この「なぜか人気がある」タイプは、ある心理現象をうまく利用

している人が多い。それは、先ほどの「スノッブ現象」、アマノジャクな心を、逆手に取る人です。

大人気で波に乗っている人に対しては、なんだか興味が薄れてしまうのが人間心理。それなら逆に、もう大人気ではなく、うまくいってないことを表明して、皆の共感を得よう。この狙(ねら)いは、心理学で**「アンダードッグ（負け犬）効果」**と呼ばれるものです。

例えば。清純派から一転、できちゃった結婚して一時的に人気が落ちたけど、子連れ離婚した女優さん。こういう人って、離婚前は若い男性の憧(あこが)れに過ぎなかったのに、離婚後は大人の女性として同性の共感を得たりしますよね。

女性アイドルが、人気が下火になったとたん、見事なヌードを映画で披露、なんていうのも、かなりアンダードッグな戦略です。でも、「度胸がある」なんて支持されて、演技派女優として活躍することになったり。

芸能人ではありませんが、最近ではこのアンダードッグ・ヒロインを忘れるわけにはいきません。その人の名は、ヒラリー・クリントン！

敏腕弁護士にしてアメリカ大統領のファーストレディ、として華々しく世にデビューした彼女。でも、夫のセックススキャンダルが話題になるや、今度はかわいそうな妻として世界中の同情を集め、結果、ついに大統領候補となるまでに上りつめたのです。

彼女のアンダードッグ戦略は、大統領予備選の中でも度々見られました。選挙の劣勢が報じられた直後に、彼女が涙を見せると、次の州では、なぜだか急に勢いが盛り返す。そういうシーンを目にしましたよね。

効き目絶大のアンダードッグ効果。**ポイントは、文字どおり負け犬になること、つまり、「弱みを見せる」ことです。**

バンドワゴン＋アンダードッグ＝ずっと人気モノ（図15）

つまり、長く人気モノでいるには、「バンドワゴン効果」で華々しく人気を集め、やがてその人気が衰えたら、「アンダードッグ効果」で、ネガティブなことを自らカミングアウト、かわいそうな人、気の毒な人になってしまえばいいのです。そういう欠点や蔭のある人に親しみを覚えて、ついつい応援したくなってしまうのも人間なのですから。

一時の人気を失った、かわいそうな彼らに感じる気持ち、「親しみ」。実はこれ、人気の絶頂にいた彼らに抱いた気持ち、「憧れ」と、ほぼ同質のものなんです。一見正反対に見えますが、心理学的には、同じ感情だと言っていいくらい。

というのも、**そもそも人間が物事に抱く感情は、それに接近したいか、回避したいか、の二つだけ。**「憧れ」も「親しみ」も、深層心理では「もっと接近したい」という、同一の感情だといえるのです。結局どちらの気持ちも、人気を集めるという結果につながります。

[図15] ずっと人気モノ理論

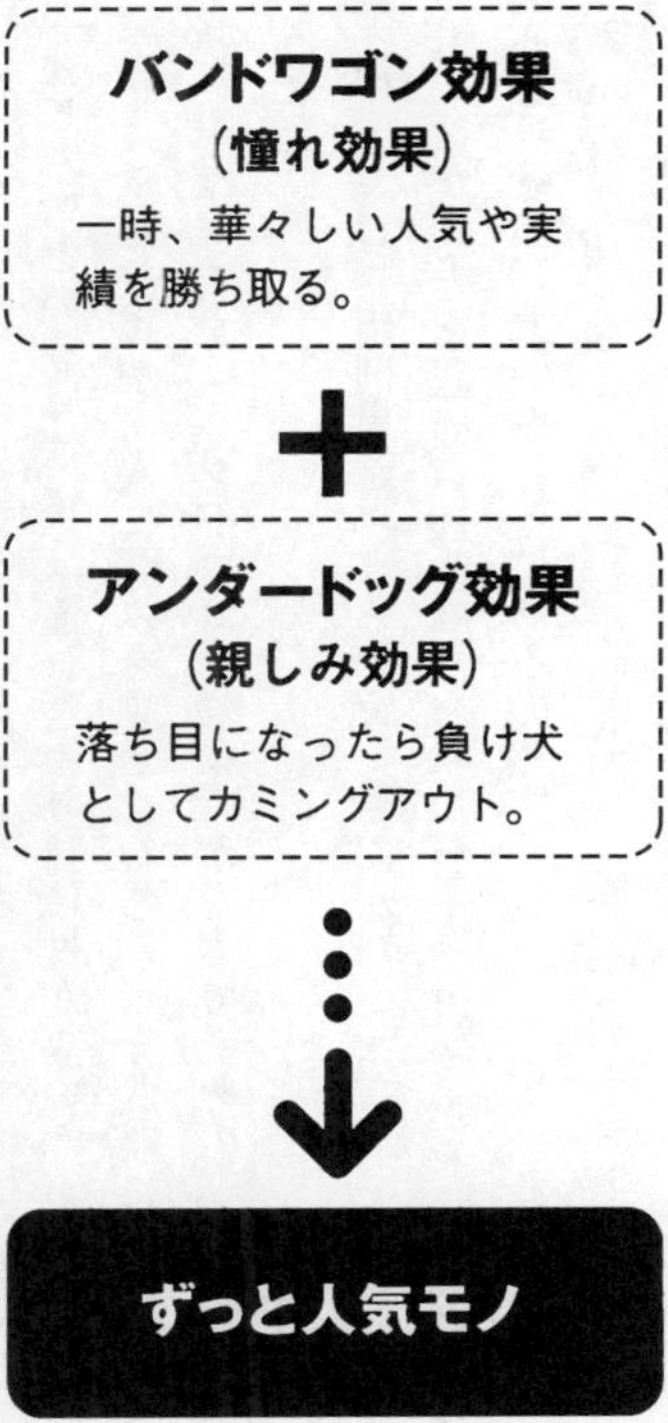

バンドワゴン効果
（憧れ効果）
一時、華々しい人気や実績を勝ち取る。
アンダードッグ効果
（親しみ効果）
落ち目になったら負け犬としてカミングアウト。
ずっと人気モノ

バンドワゴン効果（憧れ効果）だけでもダメ、アンダードッグ効果（親しみ効果）だけでもダメ。ずっと人気モノでいるためには二つの効果ががっちり組み合わされている必要があります。

そして、このパターンで復活した人は、ただの人気者より、ずっと長持ち。なぜなら、「親しみ」という感情は、「憧れ」より持続性が高いから。

ただし、重要な点が。人に弱みを見せ「親しみ」を武器にする、この「アンダードッグ効果」は、まず「バンドワゴン効果」があってこその「アンダードッグ効果」だということ。

例えば、コロンボ刑事が「うちのカミさんがね…」なんてボヤいて親しみを持たれるのも、彼が実力を認められた刑事だからです。**ポイントは、「成功実績のある人」が弱みを見せる、ということにあるのです。**

ですから、もともとパッとしない人が、「私って、ホントつまらない人間で…」なんて言ったって、「ふーん、そうかもね」ってなものですよ。謙遜（けんそん）という「アンダードッグ効果」を使うには、本当はスゴイ人、と一目置かれるような「バンドワゴン効果」が必要なんですね。

第4章　人をトリコにする心理術

最強の人間関係を作るほめるテクニック
［トクベツな人に大昇格。「ジョハリの窓」の叩き方］

あなたは、「ほめ上手」ですか？　自信ある？　本当に？

普段、何気なく使っている「ほめ言葉」。同僚に「今日のプレゼンよかったよ！」と声をかけたり、素敵な服の人に「いつもセンスがいいですね～」と感心してみせたり。相手を喜ばせたい、そしてもっと深いパートナーシップを築きたい、と思うほどに、私たちはいろいろな形容詞を駆使して、なんとか相手の気持ちを高めようと頑張るものです。

確かに、ほめられると、誰でも嬉しいもの。しかもそれが、自分にとってすごく気の利いた、ド真ん中のセリフだった場合なんて、感動すら覚えることも！

さあ、では考えてみましょう。**あなたが普段使っているほめ言葉…それは本当に、**

相手の心をズバッと射ているでしょうか？　感動を与えているでしょうか？　つまり、あなたのほめ言葉は、相手にとって真の「正解」になっているのでしょうか？

なぜそんな心配をするかというと、「ただ相手をほめちぎればＯＫ！」、どうもそういう単純な話ではないことが、コミュニケーションの心理学で指摘されているからなのです。それどころか、ほめ方によっては、逆に相手の気分を損ねてしまうことも。

特に、「欺瞞的コミュニケーション」と呼ばれる研究分野では、よかれと思ってかけた言葉が、相手を喜ばせるどころか、「この人ってウソっぽい」「コイツは信用できない」なんて、発言者の人間性まで疑わせてしまう…そんな怖い現象さえ指摘されているのです。

「人はほめて育てろ！」なんて簡単に言いますが、実はほめるって、すごく難しい技術なんですね。一歩間違うと、オダテとかコビ、ヘツライとか、なんとなく狡猾な印象に受け取られてしまう。

だから、もし自分一人で「私ってほめ上手だわ～」なんて思い込んでいて、実は知らず知らずに間違った言葉を人に浴びせかけているとしたら…本当にゾッとしてしまいますよね。

真の「ほめ上手」は、そんなイタイことはしません。相手のモチベーションアップ、好印象、感謝…そういった「快感情」に結びつく形容詞だけを、うまくセレクトして発信しているのです。

では、それはいったい、どんなほめ方なのでしょうか？ ここからは、「ジョハリの窓」（図16）と呼ばれる、誰の心にも潜む「四つの心の表情」を手掛かりに、その答えを探っていきましょう。

モンローに「セクシー」と言わないで

「ジョハリの窓」とは、自己（self）というものが、どんな構造を成しているのかを、「窓」になぞらえて説明したものです。「自己」とは、個人個人のパーソナリティを意味しています。

なぜ「ジョハリ」なのかというと、それは、ジョセフ・ルフト（Joseph Luft）とハリー・インガム（Harry Ingham）という、二人の心理学者が提唱した説だから。ジョゼフとハリーで「ジョハリ」なのです。

ジョセフ博士とハリー博士は、「人間は一つの自己を生きているのではなく、四つの自己を同時に持って生きている」と考えました。

①「I know／You know（本人も他人も知っている自己）」＝すでに開いた窓
②「I know／You don't know（本人だけが知っている自己）」＝隠した窓
③「I don't know／You know（他人だけが知っている自己）」＝開くかもしれない窓
④「I don't know／You don't know（誰も知らない自己）」＝閉じた窓

心理カウンセリングでは、このすべての窓を一つ一つ分析していきます。四つの窓すべてを叩いてあげることで、初めてクライアントの「自己」について、真に共感することができるのです。そうすることで、「先生は私のことを本当に理解してくれた」という、心からの信頼や安心を相手に与えることができる、と考えられています。

つまり、相手のすべてを肯定することで心に充足を与えるという、心理学的な意味で厳密に「ほめる」域に達するには、ジョハリの窓のすべてを叩かなければならないのです。

でもそれって…専門の知識を持つ「カウンセラー」が、「カウンセリング」という特殊な場でこそできること。

例えば、②の「本人だけが知っている自己」の窓なんて、相手が分析中に自分の心を思い切って自己開示してくれて初めて、カウンセラー側からも見えるようになるもの。

ましてや、④の「誰も知らない自己」の窓なんて、もっと複雑。本人さえもアプローチできていない深層心理なのです。カウンセラーが四苦八苦しながら、混沌（こんとん）としたコンプレックスを解きほぐしていくことで、初めてぼんやりと輪郭が見えてくる窓なのです。

つまり、本来ならば四つの窓すべてについて理解し、そのすべてを認めてあげることが、「本当にわかってくれた」と相手を感激させることになるわけですが、日常的には、残念ながら不可能。②と④の窓は、専門家が特殊な技能を駆使してようやく到達できる、極めて難解な領域ということです。

ということは、普段、私たちが容易に叩くことができるのは、①の「本人も他人も知っている自己」の窓と、③の「他人だけが知っている自己」の2種類にしぼられることになります。①「すでに開いた窓」か、③これから「開くかもしれない窓」。

①のほうは、本人も自分の長所として熟知している、最も大きく外に開いた窓です。そんなわけで、叩く側もいちばんハードルが低く、口に出しやすい。

これは、例えば私に、「心理学詳しいですね」なんて連呼するようなこと。**マリリ**

ン・モンローに向かって、「セクシーですね」「美人ですね」と強調するようなことなのです。

確かに、①の窓を叩いて、一生懸命ほめちぎってはいます。でもこれは、わざわざ言われなくても、本人も熟知している長所。心理的には、自分がウリにしているところを、「あなた、これがウリなんでしょ？」と、言い当てられたような気分になってしまうのです。

これが大きな落とし穴。こっちは一生懸命ほめたつもりでも、相手の心にネガティブな影を落としかねない。平凡、耳にタコ、つまらない人、表層的なことしか見ない人…そういう否定的な記憶に留まってしまう危険性があるのです。

それだけではありません。欺瞞的コミュニケーションの分野では、「**当たり前のことを繰り返し言うと、ウソっぽくなる**」、そんな恐ろしい現象が指摘されているのです。

周知のことに何度も言及すると、喜ぶどころか、うさん臭くてうっとうしく感じられてしまう。どんどん軽薄に思われていくのです。これでは、懸命にほめたところで、かえって逆効果で嫌われてしまいますよね。

みんな「意外性」を言い当てられたい

彼が、彼女が、ほめてもらいたいのは①の窓ではありません。注目すべきは、③の「他人だけが知っている自己」の窓なのです。

これは、こちらからは見えているわけですから、難しい心理分析は要りません。かつ、当人がまだ気づいていない点を指摘することで、相手の心をガツンと射抜ける。四つの窓の中では、簡単で効率のいい窓です。

本人は知らず、こちらだけ見えている、これから「開くかもしれない窓」。そこを叩いてあげることが、相手の持つ魅力を開花させる行為なのです。これが、一味違う「ほめ上手」の秘訣（ひけつ）といえるでしょう。

自分では思いも寄らなかったところを指摘されると、「え？　そうなの？　**私ってそんなところがあるの？」という意外性を感じますよね。この意外性こそが、「ほめ」に含めるべき重要ポイント。**こちらの印象を強烈に記憶に残し、「この人だけは、私の可能性を見抜いてくれる。特別な人だ」なんて、スペシャルな存在に思わせてしまうのです。

では、マリリン・モンローの③の窓を叩くとしたら？

さしずめ、「君には知性を感じる」とか、「寂しげな表情がたまらないね」といったところでしょうか。セクシー、という、誰の目にも明らかなことではなく、彼女の「隠れた真の魅力」を掘り起こしている感じがしますよね。彼女の心をグッとつかむ確率は、「セクシー」の数十倍高いといえるでしょう。

［図16］ジョハリの窓

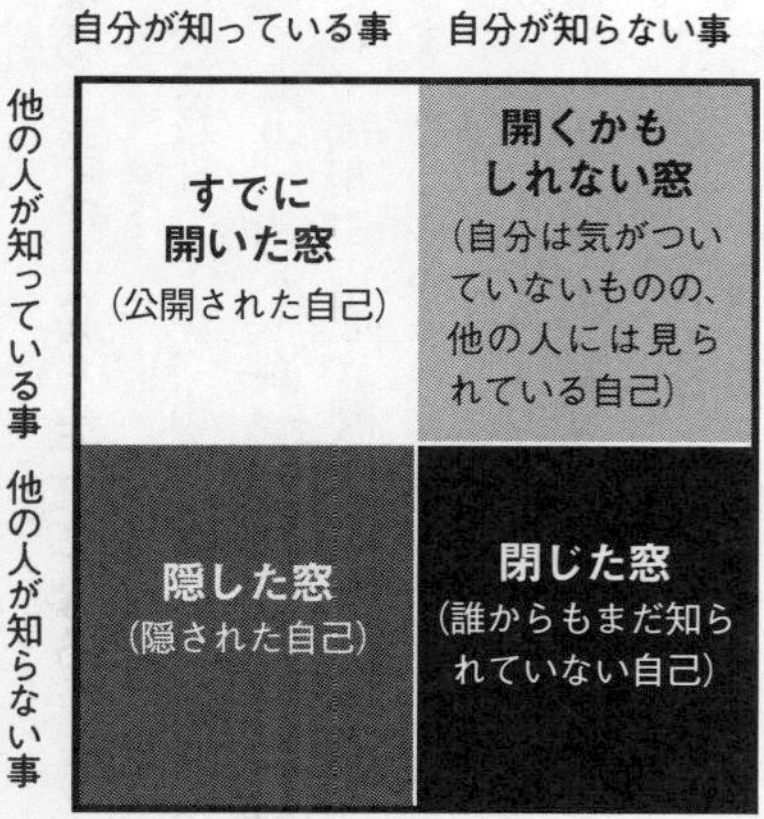
自分が知っている事
自分が知らない事
他の人が知っている事
他の人が知らない事
すでに開いた窓
（公開された自己）
開くかもしれない窓
（自分は気がついていないものの、他の人には見られている自己）
隠した窓
（隠された自己）
閉じた窓
（誰からもまだ知られていない自己）

マリリン・モンローに対して「あなたはセクシー」と言ったら、「すでに開いた窓」を叩いてしまうことに。あまりに当たり前のことを言うと、ウソっぽくなるので要注意です。人はみんな自分の意外性を言い当てられたがっていますから、叩くべき窓は「開くかもしれない窓」（自分では気づいていないが、他人は知っている自己）です。

ほめ上手が「勝ち組」になる！

これは私見ですが、10人中9人は、ほめるとき、①の窓ばかりを叩いているようです。つまり、当たり前のことを繰り返し言っているだけ。

それでは相手の心に響かないばかりか、ウソっぽくてつまらない「お世辞」になってしまうこともあるので、要注意です。

残る1人が、巧妙に③の窓を叩いている人です。そして、実際そういう人たちは、世の中のあらゆる場面でリーダーシップを発揮し、いわば「勝ち組」になっているようです。

例えば、こんな観察記録があります。幼稚園児の子どもを持つ「ママ友」たちの中で、どんな人が輪の中心になっているか、リーダーシップを発揮しているかを検証しました。すると、リーダーになっていたのは、とにかく「ほめ上手」のママである、ということが確認されたのです。

リーダー格のママは、他の子どもたちの姿や行動をよーく見て、親ですら気づいていない意外な長所を指摘します。つまり、ほめ方がとても上級。「かわいいお子さんね、賢い子ね」といった、ありきたりの①の窓には、触れもしません。もっと気の利いたポイントを指摘するのです。例えば。

「この子、まつ毛がすごく長くない？」

「キレイな髪だって言われるでしょう！」

どうですか？ 彼女たちは、親がこれまでまったく意識していなかったディテールを、バンバン指摘することに、極めて長けているのです。

これは、ママ友に限ったことではありません。周囲の人のモチベーションをグンと高めるリーダーや、接客の一流プロフェッショナルなどは、普段から何気なく③の窓を叩くことができるのだと思います。

もちろん、本来ならば、ジョハリの窓のすべてを叩くのがベスト。だけど②と④は、心理分析の専門家の領域。①は、本人も知っていてありきたり。となれば、あなたが人をほめるときに叩くべきなのは、③の、「他人だけが知っている自己」の「開くかもしれない窓」に他なりません。

こちらからは見えるけれど、相手がまだ気づいていない魅力、能力、可能性。その「大当たり」を探し出して指摘する。これこそが、相手の心をつかんで離さない、簡単で効率的な「究極のほめるテクニック」といえそうです。

なぜ不倫カップルは長続きするのか？

［心理的リアクタンスを煽って魅力倍増！］

周囲に反対され会うこともままならない、それなのにラブラブの不倫カップル。お昼のメロドラマに限った話ではなく、現実にもけっこうあることですよね。しかも、そんなカップルに限ってヘンに長続きしていたり…あなたの周りにもいませんか、そんな人たち。それとも、あなた自身にそんな経験があったりして!?

当人たちは〝遅すぎた運命の出逢い！〟なんて燃え上がっているわけですが…実はこれ、心理学的に考えれば、別に運命の出逢いでも神様のイタズラでもなかったりして。

「人は、ままならぬ関係であるほど熱狂的で密接な関係性を築き、より離れがたくな

る」。これ、私たちの心に潜む、揺るがしがたいサガなのです。

心理学では、こういう心の現象を「**心理的リアクタンス**」（図17）と呼んでいます。リアクタンスとは、「反発心」という意味。つまり、**やめろと言われるとやりたくなっちゃう、わかっちゃいるけどやめられない**、そんな現象です。

どんなに冷静沈着な人だろうとプライドの高い人だろうと、これは抗(あらが)いがたい性質なのです。これは私見ですが、むしろ学者や教師など、知性や教養の高い人ほど、心理的リアクタンスが強いように見受けられます。クールを装(よそお)っている人に限って、「禁じられた遊び」が大好きだったりするものです。

大っぴらにつきあえるステディや堂々とアプローチしてくる相手よりも、コッソリと、しかもたまにしか会うことのできない人妻やヨソの夫は、なぜだかとっても魅惑的…（いや、カン違いなのですが）。

秘密のデートからの帰りに、「今度の日曜は、夫との約束があるの。だから会えないわ、ごめんね」なんて突き放されたら…冷静さなどたちまち吹っ飛んで、心理的リアクタンスだけが急上昇！

そのうえ、友人や同僚から「そんな関係はもうやめたほうがいい。君は間違っている！」なんてとがめられた日には、心理的リアクタンス、さらに倍増！「禁じられた

［図17］心理的リアクタンス

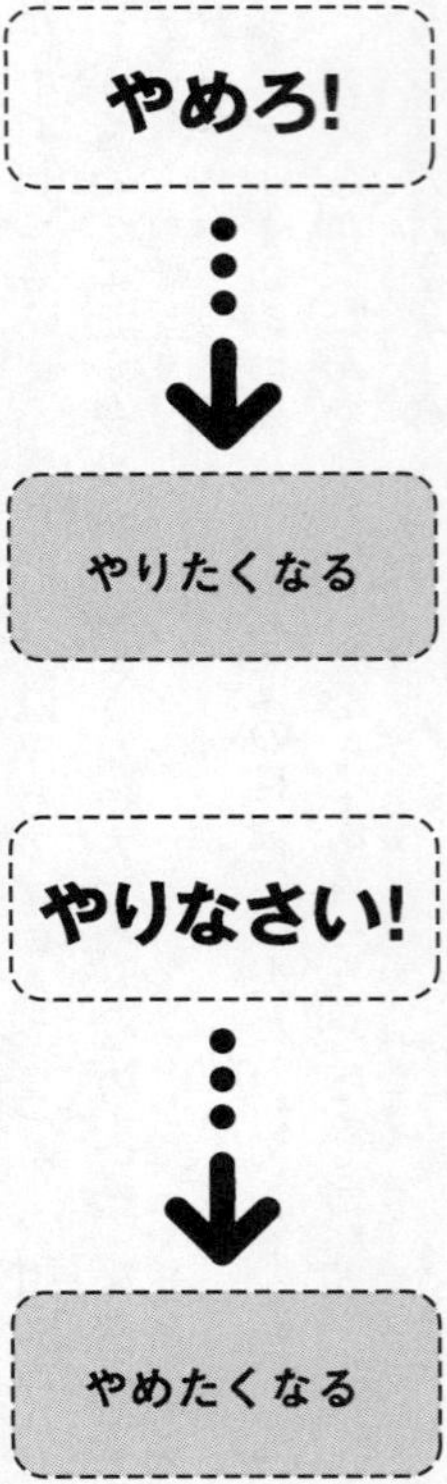
やめろ!
やりたくなる
やりなさい!
やめたくなる

リアクタンスとは「反発心」のこと。「ダメ」と言われたら、やりたくなり、「やれ」と言われたら、やめたくなるのが人間のサガ。不倫が案外長続きする理由がこれです。

遊び」は、ますます崇高でロマンティックなものに思えてくる。

ハタから見ているとバカバカしく不毛な（?）不倫愛憎劇がいつまでも長続きするカラクリは…まさにこの、「心理的リアクタンス」の賜物（たまもの）ではないかと思うのです。

世界最強の宣伝文句。それは「上映禁止」

この「心理的リアクタンス」という心理学用語は、アメリカでは「カリギュラ効果」とも呼ばれているのですが、これは実際に起きたある出来事に由来しています。『カリギュラ』というのは1980年に公開された、ローマ皇帝カリギュラが主人公の映画です。彼は天才的な政治家でしたが、容赦なく家来を惨殺する狂気の暴君として、その悪名を轟かせた歴史上の人物です。

そんなカリギュラの生涯を描いたこの映画は、あまりに残虐シーンや性的なシーンが多いという理由で、アメリカのボストンで、突然上映禁止令が出されたのです。

ボストンといえば、数々の名門大学に代表されるアカデミックな街。風光明媚で閑静なところですから、『カリギュラ』なんて映画、風紀に合わない！ と見なされたのも、仕方ないことかもしれません。

しかし…この「上映禁止」というキーワードが、ボストン市民にとっては、かえって強烈なインパクトになったのです！ そう、禁止されたことによって、例の「心理的リアクタンス」が大爆発！

人々は並々ならぬ興味をかきたてられ、多くのボストン市民が「『カリギュラ』を一目観たい！」と、近隣の街の映画館に殺到することになったのです。隣町はもう、押すな押すなの大パニック。

結果、あまりの人気と話題性にボストン市も映画を解禁せざるを得なくなり、『カリギュラ』は空前の大ヒットとなったのです。普段はめったに映画に関心を示さないハイソな奥様方までもが、映画館に詰めかけたといいます。

しかも。この映画、観終わってからの観客の評価がスゴかった。高名な評論家までもが、こぞってベタぼめ。

『カリギュラ』は公開当初、完全に娯楽映画、むしろ見せ物的なジャンルだったのですが（実際、監督はエロティック映画専門の人でした）、ボストンでの上映禁止以降、次第に芸術映画として認められるようになり、「格調高いストーリー」「真の聖者カリギュラを描き切った」というような、たいへんな高評価に変容していったのです。

「禁止される」ということは、興味や関心をかきたてられるだけでなく、禁止されたそのものを魅力的に見せ、価値まで高めてしまうものなんですね。

ということは…？　先の不倫カップルたちは、お互いをこの上ない「美男美女」「魅力あふれる異性」だと思い込んでいる可能性が!?　心理的リアクタンスの威力、恐るべしです。

心理的リアクタンスの正体は「自分で決めたい」本能

心理的リアクタンスは、なにもアマノジャクな人だけの特殊性格ではありません。多かれ少なかれ、どんな人にも備わっている性質なのです。

児童心理学の分野では、まだ幼い子どもが「禁じられたオモチャ」にどれくらい関心を示すか、という実験が繰り返し行われ、「反発心＝心理的リアクタンスは、誰にでも生まれつき備わった性質である」ことが明らかにされています。

その実験は、３歳から５歳の幼児たちの前に、たくさんのオモチャを用意します。そしてお母さんに、その中の一つを適当に選んでもらい、「このオモチャでは遊んじゃダメよ〜」と、子どもに禁じてもらうのです（でも実際に取り上げたりはしません）。そしてしばらくの間、子どもたちを自由に遊ばせておきます。

そしてその後。「ハイ、もうどれでも好きなオモチャで遊んでいいよ」と禁止を解くと…子どもたちは、あの「禁じられたオモチャ」に一直線！

さらには、数日後、「あの中でいちばん欲しいオモチャはどれだったの？」と選ばせてみると…全員が例外なく、あの「禁じられたオモチャ」を欲しがったのです！

「ダメ」と言われるほど興味が湧く。しかも、それが魅力的に見えて仕方ない。わずか３歳の幼児にも、心理的リアクタンスが備わっているのですね。

では、いったいなぜ、私たちはこんな不思議な性質を持っているのでしょうか。

私は、それが「**自己効力感**（self-efficacy）」と呼ばれる本能の表れなのではないか、と考えています。

ヒトに限らず、高等な霊長類は「自分のことは自分で律したい」という本能を、遺伝子レベルで持っているものです。自分に関することは、自分で決めたい。好き・嫌い、接近・回避などは、自分自身で判断したい。

ヒトは、霊長類の中でも特に、そうした「自己効力感」を強く持って生まれてきます。だからこそ私たち人間は、好き嫌いや得意不得意を自ら選択し、能動性を持って自発的に学び働き、その結果として、高度で創造的な文化を築くことができたのではないかと、私は思うのです。

つまり、人間にとって、**自己効力感を保つこと＝人間らしく生きること**、と言っても過言でない。

そんなわけですから、他人から「これはダメ！」と禁止されるということは、自己効力感を激しく脅（おびや）かされる緊急事態。かなりストレスフルな状態なのです。

そんな状況下では、「なんとか失われた自己効力感を回復したい、自分で選択したい！」という、衝動に近い欲求が湧き起こるのは、しごく当然のこと。その結果、ムキになって「いや、私はこれがしたい」「これが好きだ」と、自己主張したくなってしまうわけです。

心理的リアクタンスの正体、それは、「自己効力感」という、人として生きるための本能なのです。

自分の価値を高める、必殺「限定商品化」テクニック

さて、誰の心にも存在する心理的リアクタンス。これを知ったからには、恋愛やビジネスなど、普段の生活で利用しない手はありませんよ。

身近な例でこれが活かされているのが、〝限定販売〟です。「限定」という言葉には、**「このチャンスを逃したら二度と入手不可能！」という、暗黙の禁止が含まれているのです。**

となると、心理的リアクタンスがバンバン刺激されて、心がザワついてしまう。

かく言う私も、コンビニで「夏季限定パイナップル味」なんて銘打ったチョコレートを見ると、「お？」とか声を出して躊躇（ちゅうちょ）なくカゴに入れてしまいます。限定10個の化粧品のために、デパートの開店前から行列することも。

男性だと、30杯限定をウリにしたラーメン屋さんに黙々と並んだり。しかも、ここがポイントなのですが、1時間並んで食べた「幻のラーメン」は、実際すごくウマい

気がしてしまうものなのです。

これは、前出した「コントロール・イリュージョン」の為せるワザ。せっかく苦労して手に入れたモノには、価値があると思いたいのです。人は、自分で決断したい。そして、決断したモノはよいモノだと思いたい。

限定化して提示された品には、そういう合理化が、特に働きやすくなります。

だから、わざわざ寒空の下で並ばせるような店のほうが、すぐに「どうぞ中へ！」と迎えてくれる店よりも、リピーター率が高かったりするのです。至れり尽くせりが必ずしもベストじゃない。ちょっと皮肉な話ですけどね。

さあ、この「限定」テクニックを、日々の人間関係にも活用しましょう。あなたを有能で価値あるビジネスパーソンに見せる、必殺テクニックです。

それは、とても簡単なこと。取引先や顧客と次回の打合せ日時を決める際に、**あなたを「限定商品化」することです！**

「次回のミーティングですか。○日と○日の午前中なら可能ですが、それ以外は、うーん、都合がつきませんねえ…」

本当はめちゃくちゃヒマでスケジュールがら空きでも、候補日を「限定」して示しちゃってください。これで、「日曜は夫と過ごすから会えない」人妻と、同じ魅力をゲット。

ちょっとモッタイブルだけで、相手の心理的リアクタンスを刺激できる。会う日時を限定することで、相手にとってあなたは「忙しい人↓第一線で活躍している人」となり、価値が急上昇。あなたは「次回会ってやってもいい人」から、「何とかして時間を作ってもらいたい人」へと、大昇格することになるのです。

ですから、相手に気に入られようと、白紙のスケジュール帳を丸出しに**「いつでも結構です、駆けつけます！」なんて言っちゃうのは論外！　希少性の価値ゼロ。**とってても損なやり方だと思いますよ。

たった一つのハードルで心は燃え上がる

ただし、この「限定商品化」テクニックには、一つ大事な注意点があります。それは、**「ハードル」を一つだけにすること。**

「オレはスケジュールいっぱいだし、親はうるさいし、病気だし、金もない。だから、あまり会えないんだよね」

こんな男、単にドン引きされるだけですよね。限定しすぎ。

いくら心理的リアクタンスが強い女性でも、ここまでハードルが多すぎる相手には、手に入れたいというモチベーションも萎えてしまいます。単に面倒くさい。いわゆる「結婚詐欺師」の手口について調べてみると、彼らは軒並み、「美男・優しい・オシャレ」と三拍子そろっていて、女性に弱点を見せません。ただ…！ただ一つだけ、弱点が。「実はオレ、借金で苦しんでいて…今はまだ結婚できないんだ」。

すると。言われた女性の心理的リアクタンスは、ボンと爆発します！

ああ…私たちはこんなに愛し合っているのに、こんなに幸せなのに。たった一つの不幸だけが、二人の仲を邪魔するのね…ねえ、借金なんて私が返してあげる。一緒に乗り越えましょう！…なんて具合にね。

これさえ解決すればすべてハッピー、そう思うと、人は身を粉にしてその解決のため奔走します。逆に言えば、ただ一つのハードルだけが邪魔している状況を作ることが、相手の心理的リアクタンスを最大限に高める秘訣なのです。

異教徒同士の結婚ほど強い愛情で結びつき、しかも結婚生活を充実させようと努力する、というデータがあります。こんなに愛しているのに、宗教上の問題だけが二人を妨げる。まさに、ロミオとジュリエット。**たった一つだけ存在する「ハードル」が、互いの心を燃え上がらせ続ける。**

一つだけハードルがある限定商品。そんな自己演出ができれば、恋愛でもビジネスでも、あなたはとっても「価値ある人」！　ぜひ試してみてください。

フシギちゃんはどうして人気者なのか?
[認知的不協和が人を夢中にさせる]

最近、テレビのバラエティ番組でよく見かける、「フシギちゃん」「オバカちゃん」タレントたち。

何を言っているのかわからなかったりするし、服装も、微妙にドクトク。それなのに、なんとなく目が離せない、気になる存在だったりします。

彼女たち（彼たち、も?）の奔放な言動に、思わず「なんじゃ、それ?」とひとりツッコミを入れながらも、結局チャンネルを変えられず、最後まで観てしまう。なんだかバカバカしい気もするけど、そんなことって少なくない。

しかもそれは、彼女たちに「フェロモンがあるから」とか「才能があるから」なんて理由でもなさそう。じゃあ、あのフシギちゃんオバカちゃんたちの魅力は、いったいどこから来ているのでしょうか。

不協和音のほうがかえって耳に残る、その理由

心理学的に考えてみると、フシギちゃんの魅力は、「認知的不協和理論」と呼ばれる現象で説明できそうです。

認知する際の、不協和音。

つまり、完璧（かんぺき）にバランスのとれた美しい「協和音」よりも、**ハーモニーとしてはちょっと崩れた、必ずしも美しくない「不協和音」のほうが、人の記憶にむしろ強く残る、**という現象のことです。

自分の常識や経験からちょっとズレているような、奇妙な音楽や映像に触れると、「あれ？ なんかオカシイな？ カワッテルな？」というふうに、いつまでも気になってしまうものですよね。

人は誰しも、「自分の中にある常識」と「いま新しく知った知識」との間に、一貫性、連続性を保っていたい、それがないものはなんだか気持ち悪い、そう考える本能を持っています。

確かに、自分の「常識」を一気に覆（くつがえ）されるような「非常識」を目の前に突きつけら

れるのは、自分に関連する情報だけを処理したい、例の「ケチ脳」の理屈から考えても、ストレスフルなこと。

　生まれ持った「一貫性欲求」にもケチな脳が持つ「節約原理」にも反する事態は、即座に不快感となるわけですが、同時に、人の心は、その不快感、「矛盾」や「違和感」といったイライラモヤモヤした感覚を、なんとかして合理的で一貫性のある「正常な」状態に戻そうと考えるのです。

　不協和なものは、「排除したい」もしくは「一貫性のある協和音に修正したい」。そう強くかきたてられるからこそ、かえっていつまでも心をとらえるのです。

相手をイライラモヤモヤさせることで、かえって記憶に強く留める。認知不協和理論って、奥深い。

　で。先のフシギちゃんたちって、まさにこの「不協和音」そのものなんじゃないでしょうか。

「え？　このコこんなことまでテレビで言っちゃうの？　このコだけが特殊なんだよね…普通言わないよね…どうしてなんだろう？」

　フシギちゃんたちを見ていると、そういうイライラモヤモヤが心を巡り、意味なく頭にこびりついてしまう。

タレントさんだけではなく、一般社会にも、もちろん私のクライアントにも、フシギちゃんはそれなりにいますが、彼女（彼）たちのことを、なぜか放っておけなくなる奇妙な心理。それは、認知的不協和がもたらしているのです。

これが人気者の黄金比率！

フシギちゃんオバカちゃんは、気になる存在。彼女（彼）たちが人気者になるのは、そういうカラクリなのです。

でも、だからといって、なろうと思ってなれるものでもないのがフシギちゃんたちの難しいところ。例えば、徹底的にフシギちゃんを目指し、フシギすぎて「理解不能」レベルに達してしまうと、これは絶対に人気者になり得ない。

個性に関して研究する「被服心理学」の実験からは、次のようなことが指摘されています。

品よくスタンダードな服装をしているけれど、けっこう個性的な装飾品を「少し」身に着ける。そういうファッションが、誰からも最も魅力的に感じられる服装なのだそうです。さらに調べた結果、**その黄金比率は「無難：個性的」が７：３くらい**、だと（図18）。

[図18] 究極のモテテクニック1

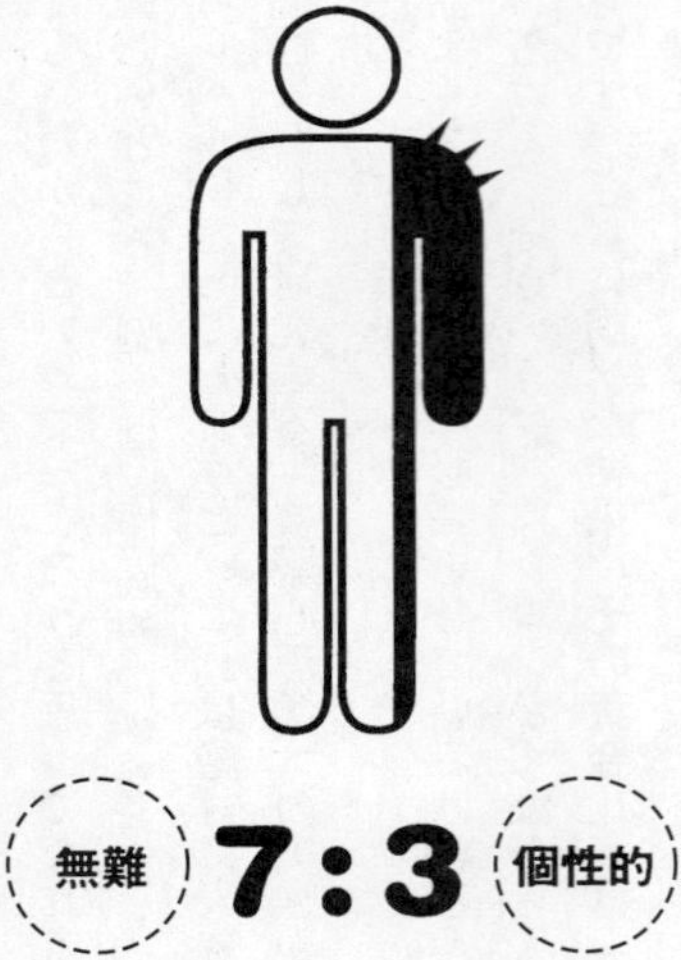

「100％無難」でも「100％個性的」でも、どちらも魅力的とは感じられません。つまりモテません。適切な配合率が必要です。究極のモテを目指すなら、「認知的不協和」理論をフル活用して、「70％無難」、「30％個性的」を意識してください。

行動心理学でも、食品売り場で実演販売しているお兄さんに様々な販売服を着せてみる、というユニークな実験があったのですが、その結果も、この黄金比率を証明しています。

ピシッとしたスーツで完璧にキメて、「いらっしゃいませ！　お試しくださいませ！」と、ハッキリ朗らかに挨拶する販売員よりも、ビシッとしたスーツは着ているけれど、その上から微妙にダサい割烹着を羽織って、ちょっとボンヤリ？　佇んでいる販売員のほうが、なんと、集客率が圧倒的に高かった。

でももちろん、ヨレヨレの作業着でロクに声も出さない販売員は、まったくダメ。

「完璧：ボンヤリ」＝7：3くらいが、集客力アップの秘訣だったのです。

これは私の考えですが、先のフシギちゃんたちは、「普通：フシギ」を、意図せずして7：3ぐらいの黄金比率に保っている人たちなのではないでしょうか。だから、**「普通じゃなく」「フシギすぎず」人気者になる。**

だから、**目指すなら、7割カッコよくて3割変わり者。7割アタマがよくて3割フシギちゃん。**そんな演出ができる人は、かなりモテると思いますよ！

「貢（みつ）ぐから、好きになる」
あの人がモテまくる本当の理由
［自己知覚理論を知ればモテモテになる！］

貢がせ、おごらせ、送り迎えまでさせる女。

同性から見ればただのわがまま女なのに、なぜか彼女はいつもモテモテ、言い寄る男は引きもきらず。けっこうある話です。でも、そりゃ彼女はちょっと美人かもしれないけれど、どうもそんな理由だけでは説明しきれない。いったいなぜ？　不思議ですよね。

では、その取り巻き男性の一人に聞いてみましょう。どうしてあなたは彼女に貢ぐんですか？　彼は間違いなくこう答えるはず、「それはもちろん、彼女を好きだから」。

実は、何を隠そう、この答えにこそ、彼女がモテる心理学的な秘密が隠されているのです。

好きだから、貢いじゃう。ごく当たり前の論理です。このように、人間の心と体は、まず感情（好きだから）↓行動（貢いじゃう）の順になっていると思われていますよね。

ところが、最新の心理学的研究によると、まったくの正反対。つまり、**「貢ぐ」という行動によって「好き」という感情が高まる。「泣く」という行動から「悲しい」という感情を強く自覚する**（図19）。

［図19］自己知覚理論

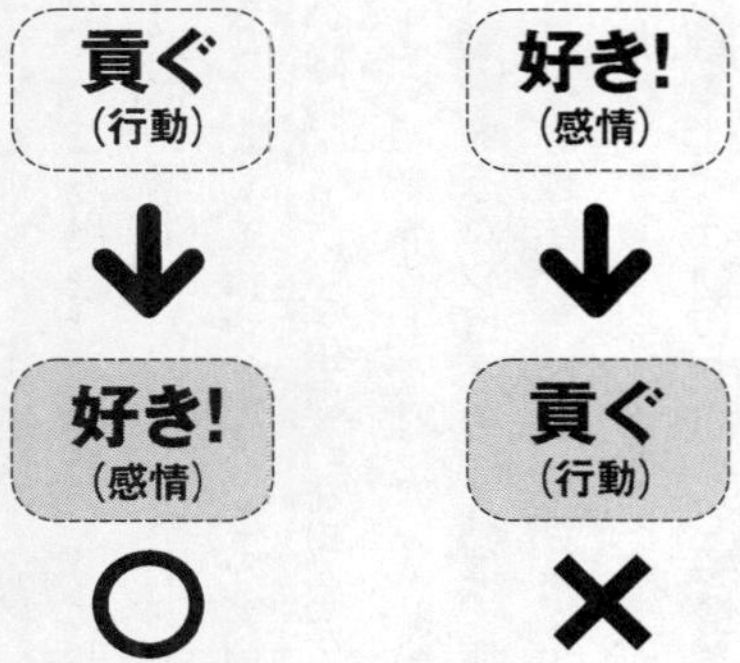

自己知覚理論では、「悲しい」から「泣く」のではなく、「泣く」から「悲しい」のです。同様に「好き！」だから「貢ぐ」のではなく、「貢ぐ」から「好き！」になります。「行動」が先で、「感情」が後からついてくるのです。

どうやら私たちは、行動によって感情をはっきりと自覚する一面を持っているらしいのです。

これを証明する、おもしろい実験をご紹介しましょう。

老若男女（ろうにゃくなんにょ）、様々な人たちに、ハッハッと無理に速い呼吸をしてもらいます。過呼吸実験と呼ばれるものです。

すると、それまで全然ナーバスで

もなんでもなかった実験協力者は、なんとなく不安になったり、緊張したりし始めるのです。この現象は、年齢や男女に差なく、誰にでも起こりました。

普通は、緊張したから心臓がドキドキした、不安になったから息が荒くなった、と考えていますよね。でも、この実験から導き出された結果は正反対！ つまり人間は、「荒い呼吸」という生理的な現象が先に起きることで、ようやく、「自分は緊張している」という感情を自覚する、ということなのです。

「行動というハシゴをのぼれば、塀の向こうの自己が見える」

有名な心理学者、ベムの言葉です。泣けば「ああ、私、今悲しいんだ」と思うし、怒鳴れば「オレ、今こんなにハラが立っているんだ」と感じる。

人間には、行動して初めて感情を自覚する一面があるのです。

ストーカーは、待ち伏せするから好きになる

意外に思われるかもしれませんが、ストーキングも、行動が感情を生んで起きる面が強いんです。彼らの頭の中で起こっていることは、こんな感じ。

「こんなふうに待ち伏せして、イタズラ電話までしちゃってるってことは、本当に大好きってことなんだ！」

とても困ったことですが、こうして彼らの心はさらに燃え上がる、というわけです。

ＤＶ男から離れられない女性も同じ。

「こんなに殴られても一緒にいるってことは、私よっぽどこの人のことが好きなのね」

殴られれば殴られるほど、離れられないという思いが強くなるわけです。

ここで、冒頭に登場した「わがまま女」に話を戻しましょう。ここまでの話から考えてみてください。まさに彼女は最強のモテ女。高い指輪を買ってくれる男も、送り迎えをしてくれる男も、食事をおごってくれる男も、皆それぞれに「こんなに尽くしているんだから、オレは彼女がすごく好きなんだ」と思っている。

そう、彼女がモテモテの理由、それは相手に貢がせること。

ですから、もし気になる相手から「何かプレゼントしたいな」なんて言われたら、ヘンな遠慮は禁物ですよ。車でも土地でも、ありがた～くいただいておきましょう。

だってプレゼントが高額であればあるほど、「こんなに高い物プレゼントするなんて、オレってメチャクチャ彼女のこと好きなんだ」って思い込んでもらえるはずですから。

たまに会う美人よりも、しょっちゅう会う女

それでも、「私は貢がせるほど美人じゃないし、そもそも誰かに貢がせるなんて、とてもできません」という奥ゆかしいあなた。大丈夫、そんなあなたでもこの**「自己知覚理論」**をちょっとアレンジすれば、狙った相手に好かれる確率は格段にアップします。その方法とは…。

実は、「感情」を生むのは実際の「行動」だけではありません。「環境」によって、**擬似的に「行動」したのと同じ効果が生まれ、「感情」を芽生えさせることがあるのです。**難しい話じゃありませんよ。それは、こんな実験からよくわかります。

ある映画を、二つのグループに鑑賞してもらいました。そして、一方のグループには大笑いするサクラを、もう一方には泣くサクラを大勢同席させます。

鑑賞後、映画の感想をそれぞれのグループに尋ねると、笑うサクラを入れたグループは皆「愉快な映画だった」と言い、泣くサクラを入れたグループの人々は「悲しい映画だった」と言ったのです。

同じ映画を見ているのに、なんという違いでしょう。つまり鑑賞者は、「笑う周りの人たち」に感化されて「笑った気」になり、「泣く周りの人たち」に影響され「泣

いたつもり」になって、結果としておかしい・悲しいという感情を自覚した、と考えられるのです。

その場の雰囲気＝環境が、作品に対する感じ方＝感情まで変えてしまった、ということです。

世界には、お葬式に敢えて大声で泣き叫ぶことが慣習になっている国があります。泣き役が職業化されている地域まであるそうですが、これなどは、「環境＝擬似的行動→感情」を利用したシステムだといえます。十分に故人を悼んでもらえるよう、先に環境を作って、参列者の悲しい気持ちをかきたてるのです。

そしてもう一つ、懸案の？「モテるテクニック」に直結する**「環境＝擬似的行動→感情」**の実験があります。男性に、平均程度の容姿の女性と、美しいモデル女性の写真を見せて、どちらが美人だったかを尋ねるのですが、平均女性の写真は何回も見せ、美女の写真は1回きり。すると、男性たちは圧倒的に、平均的な容姿の女性を「こっちのほうが美人だ」と答えたのです！

これは、何度も写真を見るという「環境」によって（実際には〝見せられた〟にもかかわらず）、「こんなにこの顔を見るなんて、オレは彼女を好きってことなんだ」と、脳が勝手に解釈したということ。心理学では、これを**「単純提示効果」**と呼んでいま

[図20] 究極のモテテクニック 2

貢がせることによって好きという感情を芽生えさせ、しょっちゅう会うことによって人並みの容貌の自分を「美人」に見せるという二つの合わせ技で、相手はあなたにメロメロになること、請け合いです。

す。

つまり。彼や彼女のハートをゲットするには、何かと理由をつけて顔を合わせればいいんです。

何度も二人で会っているうちに、気がついたらつきあっていたなんてこと、けっこうあるでしょう？　職場やバイト先、サークル内といった内輪の恋愛が多いのは、

「惹(ひ)かれ合ったから」ではなく、実は単に「よく会うから」だったりするんです。

それでは、自己知覚理論および単純提示効果を利用した究極のモテテクニック、まとめてみましょう。それは、**「貢がせる」**そして**「しょっちゅう会う」**（図20）。

バカバカしいとお思いですか？　実践してみる価値、十分にありですよ。

おわりに

いかがでしたか。オモシロかったでしょうか。

とりあえずは、自分の心の取り扱い方、他者の気持ちの動かし方について、かなりの「博識」になったはずです。最後まで読んでいただいたことで、実はあなたは、心理学専攻の大学生程度の知識を、知らず知らずの間に頭に叩き込んだことにもなります。

さあ、これ以上の理論は、もうどこを探しても見つかりません。あとは、知ったことを実践するのみです。

話は変わりますが、正直な話、ここ数年「心理学」への風当たりは厳しいものです。一時期は、「サイコロジー」という言葉だけでももてはやされ、みんながこの学問に期待を抱いてくれたのですが、そういう甘い時代は、残念ながらもうとっくに終わっていると思います。

むしろ、心理学＝なんだかうさんくさい学問。そういう負のステレオタイプのほうが、すごい勢いで広がってきているような気がします。

それはもしかしたら、テレビ、雑誌、インターネット等で採り上げられている、あまり根拠のない心理テストや心理相談…、こういう「占い」と紙一重な感じの、安易な心理学の流布にこそ、原因の一端があるのかもしれません。

私も日々、前代未聞の「心理学の危機」を実感することがあります。

大学では心理学概論や認知心理学の講義を受け持っているのですが、例年、初回の授業の「やりにくさ」ったらありません。学生の多くは、明々白々に、心理学に何の興味もないのです。ただ単位が欲しいだけ。本当に冷ややか。

ここだけの話、そんな場所に出向いていく教師側のつらさ…。まるで敵だらけのアウェー戦に、たった一人出向いていく感じ。この「心理学離れ」という現象は、確実に、例年高まってきているような気がします。

しかし、冷ややかなのは最初だけ。数年間教鞭をとり続けているうちに気づいたのですが、講義3回目くらいには、学生の態度が、おもしろいくらいガラッと変わるのです。

最初は面倒くさそうだった学生が、全員身を乗り出しはじめます。メモを懸命に取り始めます。質問の嵐(あらし)を浴びせてきます。

そして、講義最終日には、「自分の専門は物理だけど、大学院から心理学専攻に編入したい」などと相談し始める生徒すら、例年必ずいるのです。

みんな、エビデンスに基づいた、「本物の学問」を欲しているんだなあ。難しくてもいいから、心理学には「普遍的真実」を期待しているんだなあ。率直にそう感じさせられます。

たまたま、私の講義はいちいち理屈めいていて硬いので、それがかえって信頼をかちえていたのかもしれません。よかった、と思います。

いつの日か、とことんカジュアルなテーマを用いながらも、「本物の心理学」をエッセイのような形でまとめておきたいなあ。学術論文クラスの理論を織り交ぜながら、身近なことだけにフォーカスを当てた心理学の書籍を作ってみたいなあ。

これは一人の心理学者としての、私の長年の夢でした。本書は、それがほぼ完璧(かんぺき)に近い形で具現化されたのではないかと、ひっそりと自負しております。

末筆になりましたが、その夢を現実のものにする機会をくださり、企画から編集までたいへんな労をとっていただいた、マガジンハウス第一書籍編集部の村尾雅彦編集長に、あらためて感謝申し上げます。

また、惜しみなく私に力を貸してくださった大澤千穂氏、松原浩氏に、この場をお借りして心よりお礼申し上げます。

chological Review, 101, 34-52. Article (http://www.wjh.harvard.edu/~wegner/pdfs/Wegner%20Ironic%20Processes%201994.pdf)

Wegner, D. M., & Erber, R.(1992). The hyperaccessibility of suppressed thoughts. Journal of Personality and Social Psychology (http://en.wikipedia.org/wiki/Journal_of_Personality_and_Social_Psychology), 63, 903-912. Article (http://www.wjh.harvard.edu/~wegner/pdfs/Wegner&Erber1992.pdf)

Wegner, D. M., Erber, R., & Zanakos, S.(1993). Ironic processes in the mental control of mood and mood-related thought. Journal of Personality and Social Psychology, 65, 1093-1104. Article (http://www.wjh.harvard.edu/~wegner/pdfs/Wegner,Erber,&Zanakos1993.pdf)

Weldon, M. S., & Bellinger, K. D.(1997). Collective memory: Collaborative and individual processes in remembering. Journal of Experimental Psychology: Learning, Memory, & Cognition, 23, 1160-1175.

Wenzlaff, R. M., Wegner, D. M., & Roper, D.(1988). Depression and mental control: The resurgence of unwanted negative thoughts. Journal of Personality and Social Psychology, 55, 882-892.

Zimbardo, P. G. "The human choice: Individuation, reason, and order versus deindividuation, impulse, and chaos (http://faculty.babson.edu/krollag/org_site/soc_psych/zimbardo_deinvid.html)". In W. J. Arnold & D. Levine (Eds.), 1969 Nebraska Symposium on Motivation (pp. 237-307). Lincoln, NE: University of Nebraska Press.

森直久（1995）共同想起事態における想起の機能と集団の性格　心理学評論．38, 107-136

Ruscher, J. B., & Hammer, E. D.(http://www.tulane.edu/~jruscher/FormerGrads.html#Elliott)(1994). Revising disrupted impressions through conversation. Journal of Personality and Social Psychology, 64, 530-541.

Rusting, C. L., & DeHart, T.(2000). Retrieving positive memories to regulate negative mood: Consequences for mood-congruent memory. Journal of Personality and Social Psychology Bulletin, 78, 737-752.

Schooler, J. W., & Engstler-Schooler, T. Y.(1990). Verbal overshadowing of visual memories: Some things are better left unsaid. Cognitive Psychology, 22, 36-71.

Singer, J. A., & Salovey, P.(1988). Mood and memory: Evaluating the network theory of affect. Clinical Psychology Review, 8, 211-251.

Skinner, B. F.(1953). Science and human behavior. New York: Macmillan.

Tajfel, H., & Turner, J. C.(1986). The social identity theory of inter-group behavior. In Worchel, S., & Austin, W. G.(Eds.), Psychology of Intergroup Relations. Chigago: Nelson-Hall.

Wegner, D. M.(1989). White bears and other unwanted thoughts: Suppression, obsession, and the psychology of mental control. London: The Guilford Press.

Wegner, D. M.(1994). Ironic processes of mental control. Psy-

伊藤美加（2000）気分一致効果を巡る諸問題―気分状態と感情特性―心理学評論．43(3),368-386.

伊藤雄二（2002）『確率論』朝倉書店

厳島行雄（2001）「目撃証言と記憶の過程―符号化、貯蔵、検索」渡部保夫（監）『目撃証言の研究：法と心理学の架け橋をもとめて（pp. 22-51)』北大路書房

Kelley, C. M., & Jacoby, L. L.(1996). Adult egocentrism: Subjective experience versus analytic-bases for judgment. Journal of Memory and Language, 35, 157-175.

Lindsay, D. S., & Read, J. D.(1994). Psychotherapy and memories of childhood sexual abuse: A cognitive perspective. Applied Cognitive Psychology, 8, 281-338.

Loftus, E. F.(1993). The reality of repressed memories. American Psychologist. May Vol.48, 518-537.

Loftus, E. F., & Pickrell, J. E.(1995). The formation of false memories. Psychiatric Annals, 25, 720-725.

Mathews, A., & Bradley, B.(1983). Mood and the self-reference bias in recall. Behaviour Researchand Therapy, 21, 233-239.

Milgram, S.(1963). "Behavioral study of obedience (http://content.apa.org/journals/abn/67/4/371)". Journal of Abnormal and Social Psychology 67: 371-378.

Milgram, S.(1974). Obedience to authority; An experimental view. Harpercollins.

Darley, J. M., & Gross, P. H.(1983). A hypothesis-confirming bias in labeling effects. Journal of Personality and Social Psychology, 44, 20-33.

Ellis, A.(1962). Reason and emotion in psychotherapy. New York: Lyle Stuart.

Ellis, A.(1996). Better, deeper, and more enduring brief therapy: The rational emotive behavior therapy approach. New York: Brunner/Mazel.

Forer, B. R.(1949). The fallacy of personal validation: A class-room demonstration of gullibility. Journal of Abnormal and Social Psychology, 44, 118-123.

Forgas, J. P., & Bower, G. H.(1987). Mood effects on person perception judgments. Journal of Personality and Social Psychology, 53, 53-60.

Goff, L. M., & Roediger, H. L., III (1998). Imagination inflation for action events: Repeated imaginings lead to illusory recollections. Memory & Cognition, 26, 20-33.

Hyman, E., & Billings, F. J.(1998). Individual differences and the creation of false childhood memories. Memory, 6, 1-20.

Hyman, I. E., & Pentland, J (1996). The role of mental imagery in the creation of false childhood memories. Journal of Memory and Language 35, 101-117.

市川伸一（1997）『考えることの科学　推論の認知心理学への招待』中公新書

参考文献

Andersson, J., & Rönnberg, J.(1995). Recall suffers from collaboration : Joint recall effects of friendship and task complexity. Applied Cognitive Psychology, 9, 199-211.

Andersson, J., & Rönnberg, J.(1996). Collaboration and memory : Effects of dyadic retrieval on different memory tasks. Applied Cognitive Psychology, 10, 171-181.

Aronson, E., & Linder, D.(1965). Gain and loss of esteem as determinants of interpersonal attractiveness. Journal of Experimental Social Psychology, 1, 156-171.

Basden, B. H., Basden, D. R., & Henry, S.(2000). Costs and benefits of collaborative remembering. Applied Cognitive Psychology, 14, 497-507.

Betz, A. L., & Skowronski, J. J.(1997). Self-events and other-events : Temporal dating and event memory. Memory & Cognition, 25, 701-714.

Bower, G. H.(1981). Mood and Memory. American Psychologist, 36, 129-148.

Brewer, W. F., & Treyens, J. C.(1981). Role of schemata in memory for places. Cognitive Psychology, 13, 207-230.

Bruner, J. S., & Tagiuri, R.(1954). The perception of people. In G. Lindzey (Ed.), Handbook of social psychology. Addison-Wesley (http://webcat.nii.ac.jp/cgi-bin/shsproc?id=BA08091579).

この作品は二〇〇八年八月マガジンハウスから刊行された。

黒川伊保子著
恋愛脳
—男心と女心は、なぜこうもすれ違うのか—
男脳と女脳は感じ方が違う。それを理解すれば、恋の達人になれる。最先端の脳科学とＡＩの知識を駆使して探る男女の機微。

黒川伊保子著
夫婦脳
—夫心と妻心は、なぜこうも相容れないのか—
繰り返される夫婦のすれ違いは、男女の脳のしくみのせいだった！　脳科学とことばの研究者がパートナーたちへ贈る応援エッセイ。

黒川伊保子著
家族脳
—親心と子心は、なぜこうも厄介なのか—
性別&年齢の異なる親子も夫婦も、互いの違いを尊重すれば「家族」はもっと楽しくなる。脳の研究者が綴る愛情溢れる痛快エッセイ！

黒川伊保子著
成熟脳
—脳の本番は56歳から始まる—
もの忘れは「老化」ではなく「進化」だった。なんと、56歳は脳の完成期！——感性とＡＩの研究者がつむぎ出す、脳科学エッセイ。

黒川伊保子著
「話が通じない」の正体
—共感障害という謎—
上司は分かってくれない。部下は分かろうとしない——。全て「共感障害」が原因だった！　脳の認識の違いから人間関係を紐解く。

池谷裕二著
脳はなにかと言い訳する
—人は幸せになるようにできていた!?—
「脳」のしくみを知れば仕事や恋のストレスも氷解。「海馬」の研究者が身近な具体例で分りやすく解説した脳科学エッセイ決定版。

江國香織著
きらきらひかる
二人は全てを許し合って結婚した、筈だった……。妻はアル中、夫はホモ。セックスレスの奇妙な新婚夫婦を軸に描く、素敵な愛の物語。

江國香織著
こうばしい日々
坪田譲治文学賞受賞
恋に遊びに、ぼくはけっこう忙しい。11歳の男の子の日常を綴った表題作など、ピュアで素敵なボーイズ&ガールズを描く中編二編。

江國香織著
つめたいよるに
愛犬の死の翌日、一人の少年と巡り合った女の子の不思議な一日を描く「デューク」、デビュー作「桃子」など、21編を収録した短編集。

江國香織著
ホリー・ガーデン
果歩と静枝は幼なじみ。二人はいつも一緒だった。30歳を目前にしたいまでも……。対照的な女性二人が織りなす、心洗われる長編小説。

江國香織著
流しのしたの骨
夜の散歩が習慣の19歳の私と、タイプの違う二人の姉、小さな弟、家族想いの両親。少し奇妙な家族の半年を描く、静かで心地よい物語。

江國香織著
すいかの匂い
バニラアイスの木べらの味、おはじきの音、すいかの匂い。無防備に心に織りこまれてしまった事ども。11人の少女の、夏の記憶の物語。

川上弘美著　おめでとう

忘れないでいよう。今のことを。今までのことを。これからのことを——ぽっかり明るくしんしん切ない、よるべない十二の恋の物語。

川上弘美著　猫を拾いに

恋人の弟との秘密の時間、こころを色で知る男、誕生会に集うけものと地球外生物……。恋する瞳がひきよせる不思議な世界21話。

川上弘美著　ニシノユキヒコの恋と冒険

姿よしセックスよし、女性には優しくこまめ。なのに必ず去られる。真実の愛を求めさまよった男ニシノのおかしくも切ないその人生。

川上弘美著　センセイの鞄

谷崎潤一郎賞受賞

独り暮らしのツキコさんと年の離れたセンセイの、あわあわと、色濃く流れる日々。あらゆる世代の共感を呼んだ川上文学の代表作。

川上弘美著　ざらざら

不倫、年の差、異性同性その間。いろんな人に訪れて、軽く無茶をさせ消える恋の不思議。おかしみと愛おしさあふれる絶品短編23。

川上弘美著　パスタマシーンの幽霊

恋する女の準備は様々。丈夫な奥歯に、煎餅の空き箱、不実な男の誘いに喜ばぬ強い心。女たちを振り回す恋の不思議を慈しむ22篇。

新潮文庫最新刊

K・フリン
村井理子訳
「ダメ女」たちの人生を変えた奇跡の料理教室
冷蔵庫の中身を変えれば、人生が変わる！買いすぎず、たくさん作り、捨てないしあわせが見つかる傑作料理ドキュメンタリー。

C・R・ハワード
髙山祥子訳
ナッシング・マン
連続殺人犯逮捕への執念で綴られた一冊の本が、犯人をあぶり出す！　作中作と凶悪犯の視点から描かれる、圧巻の報復サスペンス。

M・ロウレイロ
宮﨑真紀訳
生贄の門
息子の命を救うため小村に移り住んだ女性捜査官を待ち受ける恐るべき儀式犯罪。〈スパニッシュ・ホラー〉の傑作、ついに日本上陸。

玉岡かおる著
帆神
―北前船を馳せた男・工楽松右衛門―
新田次郎文学賞・舟橋聖一文学賞受賞
日本中の船に俺の発明した帆をかけてみせる――。「松右衛門帆」を発明し、海運流通に革命を起こした工楽松右衛門を描く歴史長編。

川添愛著
聖者のかけら
聖フランチェスコの遺体が消失した――。特異な能力を有する修道士ベネディクトが大いなる謎に挑む。本格歴史ミステリ巨編。

喜友名トト著
だってバズりたいじゃないですか
恋人の死は、意図せず「感動の実話」として映画化され、〝バズった〟……切なさとエモさが止められない、SNS時代の青春小説！

シロクマのことだけは考えるな！

―人生が急にオモシロくなる心理術―

新潮文庫　う - 20 - 2

平成二十三年七月一日発行
令和六年二月十日十九刷

著者　植木理恵

発行者　佐藤隆信

発行所　株式会社新潮社

郵便番号　一六二―八七一一
東京都新宿区矢来町七一
電話　編集部（〇三）三二六六―五四四〇
　　　読者係（〇三）三二六六―五一一一
https://www.shinchosha.co.jp

価格はカバーに表示してあります。

乱丁・落丁本は、ご面倒ですが小社読者係宛ご送付ください。送料小社負担にてお取替えいたします。

印刷・三晃印刷株式会社　製本・株式会社植木製本所

ISBN978-4-10-129992-1 C0111